J'AVAIS HUIT ANS
DANS LE GHETTO DE VARSOVIE

RÉGINE FRYDMAN

J'AVAIS HUIT ANS
DANS LE GHETTO DE VARSOVIE

TALLANDIER

2, rue Rotrou – 75006 Paris
www.tallandier.com

Avant-propos, *de Régine Frydman*

J'avais sept ans au moment de l'invasion de la Pologne en 1939. J'habitais alors Varsovie et mes parents, des commerçants juifs, y vivaient tranquillement. On les respectait et ils avaient de nombreux amis catholiques. Puis, en 1940, toute ma famille fut déplacée de force dans le ghetto que les nazis venaient de créer. Pendant les six années qu'a duré l'invasion allemande, nous avons vu et vécu des choses terribles. Le sang-froid dont a fait preuve mon père, sa débrouillardise, son courage nous ont permis de survivre. Par deux fois, nous avons fui à l'extérieur du ghetto. Nous nous sommes cachés dans des fermes, parfois des granges. Un professeur d'université nous a hébergés en plein centre de Varsovie. Je pense que mon père a été un héros. Son envie de vivre le faisait agir. Rien ni personne ne lui faisait peur. Il nous a sauvés de la mort, grâce aussi à ses amis et ses relations.

Plus de vingt ans après la fin de la guerre, mon père, Abram Apelkir, a ressenti le besoin de témoigner de ces six années de cauchemar qu'il avait vécues avec nous de septembre 1939 à mai 1945. Il est décédé en 1991 sans voir son témoignage publié. Il n'est plus là pour qu'on le questionne. Il peut manquer une date, le nom d'une rue ou d'un village où nous nous sommes réfugiés, l'identité de quelqu'un qui nous a aidés.

La Fondation Spielberg, créée par le réalisateur Steven Spielberg pour enregistrer le témoignage des rescapés de la Shoah, m'a contactée en 2000, afin de recueillir mon témoignage de petite fille dans le ghetto de Varsovie. Pour moi, parler a été un déclic. J'ai commencé à écrire les événements dont je me souvenais.

Cet ouvrage retrace l'histoire de mes parents et de mon enfance en Pologne, ma guerre et celle de mon père, notre survie grâce à son courage et à la promesse qu'il s'était faite de nous emmener de l'autre côté de l'enfer. Mon témoignage complète celui de mon père jusqu'à ce que nos chemins se séparent[1]. Après l'insurrection de Varsovie à la fin de l'année 1944, nous faisant passer pour des catholiques, ma mère et moi avons été envoyées travailler en Allemagne. Mon père, lui, est resté en Pologne, échappant par miracle à la déportation. Nous nous sommes tous retrouvés sains et saufs à la fin de la guerre.

1. Le récit de Régine Frydman apparaît en italique.

AVANT-PROPOS, *DE RÉGINE FRYDMAN*

Nous parlions peu de la guerre entre nous mais je me souviens que mon père nous disait : « Mes filles, n'oubliez jamais ce que nous avons vécu, mais ne vivez pas avec tout ça ! »

Ce conseil nous a permis de construire notre vie. Un jour, on nous a appris que cela s'appelait : *la résilience...*

Les notes explicatives qui se trouvent en bas de page ont été rédigées par David Shapira.

Introduction

> «Je suis né à Varsovie et j'y ai vécu toute la guerre sous l'occupation allemande, y compris dans le ghetto. J'écris afin de laisser un témoignage. Certains épisodes, dont je fus soit témoin, soit acteur moi-même, pourraient être uniques et servir de source pour de futurs historiens.»
>
> ABRAM APELKIR

Ma famille était établie à Varsovie depuis trois générations. J'y suis né le 4 février 1910, peu avant la Première Guerre mondiale. La Pologne n'existait pas alors en tant qu'État, mais était divisée depuis les fameux partages du XVIIIe siècle, entre la Prusse, l'Autriche et la Russie. Varsovie vivait sous l'occupation russe depuis 1815, c'est-à-dire depuis le congrès de Vienne qui décida du rattachement du royaume de Pologne à l'Empire russe. Je me souviens dans mon enfance de patrouilles de Cosaques dans les rues et d'une église russe à bulbes et tourelles dorés au milieu d'une très belle place que les Polonais ont fait sauter dans les années 1920.

Les Polonais détestaient cordialement les Russes et dès le début de la guerre, en 1914, ils ne cachaient pas leur joie, dans l'espoir de recouvrer leur indépendance. La proclamation de la Pologne libre après la guerre fut saluée par une véritable explosion d'enthousiasme populaire. De nombreux Juifs partageaient cette joie, car les Russes étaient plus brutaux et plus antisémites que les Polonais.

La nouvelle constitution accordait tous les droits civiques aux Juifs de même qu'aux différentes minorités telles que les Lituaniens, les Ukrainiens, les Allemands, avec la garantie de la sauvegarde de leurs biens, droit de vote, liberté de culte, etc.

Ici, je tiens à détruire une légende idiote : il n'y a jamais eu de ghettos à proprement parler en Pologne, à Varsovie ou ailleurs. Dans les villes où les Juifs étaient nombreux, il existait bien entendu des quartiers habités par une majorité juive. Mais cet état de fait qui s'est créé peu à peu, parfois au fil des siècles, est dû un peu au hasard ; il n'a jamais été imposé par une obligation ou une interdiction. Tout le monde vivait et circulait librement comme bon lui semblait. Le ghetto de Varsovie fut une invention des nazis. Mais n'anticipons pas.

Du côté de mon père, ma famille proche, oncles, tantes, cousins, neveux, comptait 22 personnes. J'avais 4 sœurs et un frère. Nous étions très affectueux entre nous. Mes parents s'occupaient eux-mêmes de notre éducation, nous enseignaient la religion de nos Pères et l'histoire du Peuple élu. On nous apprenait à être obéissants envers les aînés, polis et serviables envers le prochain, et à vivre dans la crainte de Dieu. On nous apprenait également à nous rendre utiles. Dans les familles de commerçants par exemple, dès l'âge scolaire, on apprenait aux enfants à servir les clients, à peser le sucre ou la farine, à emballer la marchandise, à rendre la monnaie, à balayer et aider à la fermeture des magasins.

Pour les métiers comme tailleur, boucher, cordonnier, orfèvre, la loi exigeait un apprentissage de trois ans chez un maître artisan reconnu par la corporation. On mettait les enfants en apprentissage assez tôt. J'ai commencé le mien comme tailleur à l'âge de 12 ans comme je le raconterai plus tard. En 1929, j'ai pu m'établir à mon compte. En 1931, je me suis marié. La famille de ma femme, établie depuis plusieurs générations en Pologne, était originaire d'Aleksandrow Kujawski.

1

Une enfance à Wroclawek

J'avais quatre ans lorsque les troupes allemandes ont envahi la Pologne en 1914. Notre famille occupait un appartement à Varsovie où nous vivions à huit. Hedja avait 15 ans, Fella 13 ans, Lonia 11 ans, et Regina, la plus petite, 9 ans. Mon frère Charles avait deux ans de plus que moi.

Mon père Nathan était artisan menuisier depuis de nombreuses années. Il avait son petit atelier dans la cour de l'immeuble en dessous de chez nous. En 1914, il employait quatre ouvriers. Homme mince, discret, il avait la passion de son métier et certainement le goût du travail bien fait. Ses clients ne s'y trompaient pas et venaient d'assez loin pour lui commander des meubles originaux, armoires ou buffets. Rappelons qu'à cette époque, les meubles étaient fabriqués à la main pour durer toute une vie. J'ai très peu connu mes grands-parents maternels décédés au début de la guerre. Mon grand-père paternel avait la réputation d'être très religieux, mon père, lui, tout en étant moins strict, était néanmoins croyant et pratiquant.

En 1914, lorsque les Allemands sont entrés dans Varsovie, mon père a été obligé de fermer l'atelier. Les ouvriers n'avaient pas l'intention de rester dans la ville occupée. Les Polonais commençaient alors à souffrir gravement des restrictions. Ils avaient plutôt tendance à vendre leurs meubles pour se faire un peu d'argent qu'à en acheter. Les ouvriers partis et les commandes annulées, il n'était plus possible pour mon père de continuer dans ces conditions. Ceux qui le pouvaient quittaient Varsovie avec leur famille. Je me souviens que l'un de ses ouvriers avait quitté précipitamment la ville pour se réfugier à la campagne dans la ville de Wroclawek, située à environ 120 km au nord-ouest, sur les bords de la Vistule. Lors d'un retour à Varsovie, il était venu voir mon père pour lui expliquer que les conditions de ravitaillement étaient cent fois meilleures là-bas. De fait, on manquait déjà pratiquement de tout après quelques semaines d'occupation. Les Polonais avaient littéralement vidé les magasins avant l'arrivée des Allemands. Je me souviens que pour se procurer un peu de charbon et des pommes de terre, il fallait faire la queue devant les magasins dès 4 heures du matin. La misère s'installait. C'était terrible.

Cette description rassurante de Wroclawek incita mon père à organiser notre départ dans cette ville. À cette fin, il glissa une somme rondelette dans la poche de ce bonhomme pour qu'il nous trouve un appartement. Le message arriva deux mois plus tard, confirmant qu'il nous avait trouvé un petit logement à Wroclawek. Nous pouvions partir aussitôt. Mon père, lui, avait pris la décision de rester seul à Varsovie pour trouver un autre emploi. Il n'était pas question pour lui d'abandonner son travail. Un matin d'automne, nous partîmes tous à l'embarcadère, direction Wroclawek. Le voyage s'effectua en bateau. Celui-ci était bondé de réfugiés qui quittaient Varsovie avec tous leurs biens pour rejoindre leur famille à la campagne. Dès notre arrivée à Wroclawek, après trois jours de voyage pénible, ponctué de nombreuses escales et de va-et-vient de réfugiés, ma mère et ma sœur aînée partirent immédiatement à la recherche de l'employé de mon père qui devait nous montrer le chemin de l'appartement. Bien entendu, nous ne l'avions pas aperçu. Pendant que ma mère et Hedja continuaient leurs recherches, nous attendions, nous les plus petits, dans un hangar à bateaux près de l'embarcadère. Ainsi pendant trois nuits, nous avons dormi tous ensemble sur de la paille humide dans ce hangar désaffecté, balayé en permanence par les courants d'air. Heureusement que c'était l'automne. Au terme du deuxième jour, ma mère dut se rendre à l'évidence : il n'y avait aucune trace de l'employé de mon père dans cette ville. L'escroc avait empoché l'argent avant de disparaître. Qui plus est, en sillonnant Wroclawek de long en large, ma mère avait pris conscience qu'il ne fallait pas espérer trouver de sitôt un appartement à louer. Impossible. La ville était remplie par la foule de réfugiés qui avaient fui Varsovie avant nous. Les quelques rares appartements à louer avaient été pris d'assaut avant notre arrivée. Pour compliquer un peu plus les choses, ma mère ne possédait plus sur elle que le restant des économies rognées par l'avance confortable que mon père avait faite à son ex-employé, ainsi que le prix du voyage assez élevé pour une famille de sept personnes. Autrement dit, il ne restait plus grand-chose à notre arrivée à Wroclawek. Inutile dans ces conditions de chercher dans la ville même. C'est alors que ma mère et ma sœur aînée décidèrent de quitter le centre et de poursuivre leurs investigations plus loin dans la campagne, dans l'espoir de trouver une pièce à louer chez un paysan. Tous les fermiers des environs étaient extrêmement pauvres. Après plusieurs heures de marche et d'allers-retours, ma mère finit par rencontrer sur la route un couple de paysans. Après quelques mots échangés et en voyant la ribambelle que nous formions, ils acceptèrent de nous libérer une pièce de leur maison en échange d'un loyer minime. Par un matin d'octobre plutôt frais et brumeux, nous sommes donc arrivés à la ferme avec notre nécessaire, c'est-à-dire les bagages légers que nous portions depuis notre départ : quelques affaires de rechange et des couvertures. La ferme était située à 12 kilomètres de la ville. C'était en fait une fermette tout à fait quelconque. Hormis un petit champ de blé derrière la maison, l'exploitation comprenait un lopin de terre où le paysan cultivait des pommes de terre, des betteraves et des carottes. La plus grande partie de la récolte allait à la coopérative, et le restant (pas grand-chose) était pour lui-même et sa femme. Il avait aussi une ou deux vaches et peut-être un cheval. La maison avait un seul étage et un grenier. Elle était située au bord d'une route. Le paysan nous installa dans une pièce vide au rez-de-chaussée, sans chauffage, avec un plancher de terre battue. De la fenêtre, on voyait la route. Quelques semaines après notre arrivée, l'hiver approchant, il donna à ma mère quelques briques pour que nous puissions faire du feu.

Nous allions rester chez ces paysans trois ans et demi. Trois mois après notre départ, nous apprîmes par une lettre de mon père qu'il avait rendu les clés de notre appartement de Varsovie au concierge. Il avait pu trouver du travail chez un autre fabricant de meubles. Avec l'accord de son patron, il vivait dans un coin de l'atelier où il avait installé un lit de fortune et ses outils personnels. Il vivait là en attendant. Au début de notre séjour à la campagne, nous pouvions compter sur notre pécule pour manger, mais très vite la situation s'aggrava. Nous vivions à l'écart. Nous ne partagions aucun repas avec nos hôtes qui étaient pauvres, hormis l'un d'entre eux qui, à la bonne saison, vendait son blé au marché noir. En fait, il dissimulait une partie de la production normalement destinée à la coopérative, qui prélevait un quota sur chaque fermier. Il fallait moudre ce blé pour pouvoir le vendre ensuite au marché noir. Deux fois par mois, à la belle saison, surtout en été et en automne, il m'emmenait avec lui pour une expédition assez particulière et assez risquée. Nous partions très tôt le matin, vers 3 ou 4 heures, pour aller moudre le blé en cachette dans un moulin isolé non encore réquisitionné. En pleine nuit, le paysan chargeait sur une petite barque quelques provisions pour le voyage et deux gros sacs de blé de 30 kilos. La traversée de la Vistule pour atteindre le moulin durait une bonne heure. Arrivés sur place, mon rôle se limitait à garder la barque sur une berge et à faire le guet en l'absence du paysan. Ce dernier restait parfois trois quarts d'heure au moulin pour moudre son blé. Tapi au fond de cette barque, à moitié endormi et grelottant, je finissais souvent ma nuit sous une peau de chèvre ou de mouton qu'il me donnait pour me réchauffer. Au retour, une fois son affaire terminée, il m'offrait un peu de pain, une pomme ou parfois un bout de saucisson, bref de quoi me remplir l'estomac. Entendons-nous, je ne venais pas pour rien non plus, car le restant de la semaine c'était la misère absolue. Cette pauvreté était si présente qu'il m'est arrivé plusieurs fois vers 6 ans de partir tout seul jusqu'à la ville pour faire la manche dans les rues de Wroclawek devant les magasins. Jamais ma mère et mes sœurs ne l'ont su. J'avais très peur et j'avais honte aussi, mais la faim... il fallait que je fasse quelque chose... D'ailleurs, personne n'était là pour contrôler mes allées et venues. Je me débrouillais comme je pouvais. Le reste du temps, je gambadais seul dans la campagne ou je restais jouer à la ferme. À cette époque, je craignais plus la faim que les soldats allemands.

En quatre ans d'occupation, je n'ai jamais vu un soldat allemand se livrer à des violences sur un paysan. Les Allemands de cette époque n'étaient pas des SS, loin s'en faut. Ils étaient là en colonisateurs plutôt qu'en guerriers. Les rapports qu'ils entretenaient avec la population étaient sans haine. Il leur arrivait même parfois de donner un peu de pain aux enfants et de jouer avec eux. Je me souviens même qu'une fois, dans la rue, un de leurs chiens me bouscula violemment et me fit tomber. Un soldat allemand voyant mes égratignures et mes genoux en sang m'emmena à la pharmacie la plus proche.

Cette période fut quand même très dure. Comment la décrire ? J'ai eu faim. Manger était ma hantise. Cela n'a sans doute pas la même signification que pour un adulte normalement résigné. Ma mère allait de temps en temps chercher de rares provisions à la ville. Elle revenait parfois avec quelques kilos de pommes de terre et un kilo de farine qu'elle réglait grâce à ce que chacun d'entre nous pouvait rapporter. Bien entendu, je lui donnais les quelques zlotys que j'avais récoltés dans la rue ou ailleurs sans qu'elle ne pût jamais rien savoir des moyens que j'utilisais pour me les procurer. D'ailleurs, j'étais toujours par monts et par vaux. Les paysans ne donnaient rien et je ne me souviens pas avoir partagé un seul repas avec eux. Ils ne voulaient rien vendre non plus. Ceux qui croient qu'en de telles périodes on trouve plus facilement à manger à la campagne qu'en ville se trompent. Les paysans ne pouvaient assurément pas vendre le peu qu'il leur restait et, de toute façon, nous ne pouvions rien acheter… Un peu plus tard, au cours de notre séjour à la ferme, les paysans ont embauché une jeune fille de 13 ans comme bonne à tout faire. Les choses s'arrangeaient un peu grâce à elle. C'est-à-dire qu'au moment de la traite des vaches par exemple – un moment que je n'aurais raté pour rien au monde –, elle me donnait en cachette du lait ou bien du pain ou une pomme. Forcément, je ne la quittais pas d'une semelle. On s'entendait bien. C'était une fille très dégourdie. Pendant ce temps-là, ma mère et mes sœurs aînées continuaient à chercher en ville une pièce plus confortable, ainsi que du travail pour sortir de cette misère que nous supportions assez mal. C'est à cette époque que Hedja et Fella tombèrent successivement malades. Elles avaient l'une après l'autre contracté le typhus.

À l'automne 1917, après des semaines et des semaines de recherche et de va-et-vient, ma mère finit par trouver une petite pièce à louer dans un vieil immeuble de la proche banlieue de Wroclawek. La fenêtre de l'appartement situé au premier étage donnait sur une petite place. Sous la fenêtre se trouvait une sorte de clapier surmonté d'un toit que mon frère et moi avons escaladé plus d'une fois, à l'insu de ma mère, pour courir dans la rue. La seule commodité de ce nouveau refuge était un très vieux réchaud construit avec des briques et installé par le propriétaire lui-même. Quant à l'eau, il fallait aller la chercher à l'extérieur à tour de rôle à la pompe située à l'extérieur. Cependant, nous n'avons jamais regretté la ferme. Peu de temps après notre installation dans cette pièce, ma mère entreprit pour la seconde fois d'aller à Varsovie voir mon père qui vivait toujours dans l'atelier. Elle avait fait un premier voyage en 1916. Cette fois-ci, elle revint trois jours après avec l'idée de faire du marché noir. C'était la seule solution. À chaque trajet vers Varsovie, le voyage s'effectuant en train, elle prenait soin de se charger en quantité de sucre et de farine pour les vendre à Varsovie où les denrées de première nécessité étaient introuvables. Nous étions tous impliqués dans cette affaire de commerce sous cape. Je me souviens que ma mère nous avait fabriqué, à Charles et à moi, des gros gilets de toile sans manches, très amples, à l'intérieur desquels elle avait cousu sur toute la longueur des poches immenses dans le dos et sur les côtés pour contenir un maximum de sucre et de farine. Le stratagème mis au point par ma mère était le suivant : pour ne pas se faire pincer tous ensemble par la police allemande qui stationnait dans la gare, il était convenu que nous devions nous séparer dès notre arrivée. L'aventure consistait ensuite à se frayer un passage jusqu'au train et à faire avec elle le chemin jusqu'au premier arrêt après Wroclawek. Ce parcours durait une demi-heure. Là, nous descendions en vitesse après lui avoir laissé nos gilets pleins comme des sacs, et nous reprenions aussitôt un autre train en sens inverse pour retourner à Wroclawek. Le danger était d'être reconnu au retour par un soldat trop physionomiste. Heureusement, les relèves étaient bien faites et nous pouvions, la plupart du temps, passer sans risquer d'être reconnus et arrêtés pour maigreur subite ! En règle générale, les choses se passaient bien, mais, un jour, cela faillit mal tourner. Il faut dire que mon apparence physique sautait aux yeux. Avec mon gilet énorme rempli de farine et de sucre, je ressemblais plus à un énorme ballon de baudruche qu'à autre chose. Forcément, un soldat allemand qui avait une bonne vue finit par s'inquiéter. Il s'avança droit vers moi d'un pas décidé et s'arrêta net, prêt à me demander ce que j'avais. Soudain, une femme qui faisait sans doute le même trafic que ma mère et qui connaissait la combine s'élança vers lui et le stoppa net :

– Vous voyez bien que cet enfant est malade et qu'il souffre d'obésité, hurla-t-elle d'un air indigné (en Pologne, on appelait cette maladie « la maladie anglaise »).

Bref, elle fit un tel esclandre dans la gare que toute la foule accourut pour voir. Alors, je me mis à pleurer et à crier de toutes mes forces. Je regardais ma mère de l'autre côté qui ne pouvait rien faire. L'Allemand interloqué, gêné, tourna les talons.

Quelques mois après, ma mère trouva un autre appartement à louer. Il était situé dans le centre-ville de Wroclawek, ce qui était plus commode. Nous avions une pièce au rez-de-chaussée d'un immeuble qui donnait sur une grande cour intérieure. De Varsovie, ma mère revenait souvent avec une petite provision de bonbons ou de chocolats, ce qui nous mettait du baume au cœur. Dans la cour de l'immeuble où nous vivions, il y avait sur le même palier une bande de voleurs de chevaux au grand complet. Ils écumaient la campagne la nuit, s'introduisaient dans les fermes et s'emparaient des bêtes en douceur. À leur retour, pour étouffer le bruit des sabots sur le pavé, ils avaient pris la précaution de chausser les chevaux avec des sacs et des vieux journaux ficelés autour des pattes de chaque bête. Ils me prirent assez vite en sympathie et me confièrent un petit boulot assez spécial qui n'avait strictement rien à voir avec leur trafic malhonnête. Mon rôle était de présenter les chevaux aux acheteurs qui venaient le mardi ou le vendredi, jour de grand marché à Wroclawek. Pour cela, je devais faire gambader les bêtes sur soixante mètres dans la rue et faire l'aller-retour sous les yeux de l'acheteur, histoire de le convaincre de l'excellente forme physique du cheval. Je cavalais à côté de l'animal. Un jour, on m'autorisa à monter dessus. Je n'ai pas recommencé. J'ai fait ce travail chaque semaine régulièrement pendant quelques mois, histoire de ramasser quelques zlotys. À cette époque, je ne savais pas qu'il s'agissait de voleurs. Un camarade plus âgé m'a renseigné plus tard sur les sorties bizarres de cette bande qui quittait la cour vers une heure du matin et revenait aux aurores avec trois ou quatre chevaux. Le reste du temps, je jouais dans la rue avec d'autres gosses de mon âge. On s'amusait avec des balles en chiffons, des bouts de bois qu'on taillait. Dans cette même cour, il y avait aussi un chapelier originaire de Varsovie, un type d'une quarantaine d'années assez austère. Me voyant traîner dans les parages sans autre véritable occupation que celle que je viens de décrire, il me demanda un jour si je ne voulais pas apprendre avec lui le métier de chapelier. Bonne idée. J'aurais fait n'importe quoi à l'époque pour améliorer l'ordinaire.

En 1918, juste après le départ des Allemands, j'ai donc commencé à travailler avec lui dans son appartement. J'avais à peine 8 ans. Voilà comment les choses se passaient : le chapelier achetait en nombre des uniformes et des capotes abandonnées par les soldats à la fin de la guerre. Mon premier vrai travail consistait à défaire complètement les coutures avec une lame de rasoir pour mettre l'étoffe à plat. Celle-ci allait ensuite servir à la confection des casquettes. Cela durait des heures. L'étoffe une fois préparée était ensuite teinte en bleu marine, noir ou marron. Je me souviens que l'apprêt des teintures dégageait dans tout l'appartement une odeur âcre qui piquait le nez. Mon patron m'emmenait aussi régulièrement avec lui le mardi et le vendredi faire les marchés. Mon rôle n'était pas compliqué : je devais préparer et surveiller l'étalage. Pour avoir un bon emplacement, il fallait partir très tôt le matin. N'ayant pas eu mon compte de sommeil et de nourriture la veille (comme c'était souvent le cas), il m'arrivait de m'écrouler de fatigue pendant le chemin ou de dormir carrément debout. D'un coup de coude bien placé, le chapelier savait alors me réveiller. Nous faisions non seulement tous les marchés, mais également ceux qui se tenaient à l'autre bout de la région. Deux fois par mois, nous nous éloignions jusqu'à une soixantaine de kilomètres de Wroclawek pour atteindre les grands marchés des villes de province. Dans ce cas-là, nous partions en chariot la veille à 8 heures du soir pour arriver à destination le lendemain vers 4 heures du matin. Ces voyages étaient bien organisés. Nous étions environ dix personnes sur une charrette remplie de robes, de chaussures et d'articles divers, que nos compagnons de voyage, des commerçants de Wroclawek, allaient vendre. J'étais continuellement affamé durant ces voyages fatigants. La nuit, quand tout le monde s'était endormi (j'attendais ce moment avec impatience), j'allais grignoter en douce tout ce que je pouvais chiper dans les paniers à provisions : une cuisse de poulet rôti par-ci, un bout de pain par-là. Un jour, je me souviens avoir pris un poulet entier. Je n'en avais pas mangé depuis trois ou quatre ans. J'avais pris le risque tout en sachant qu'il m'en aurait coûté cher si je m'étais fait prendre par le propriétaire du poulet ou le chapelier, un homme peu commode et parfois violent. La preuve, je me souviens qu'un jour où j'étais chez eux, sa femme entra en sanglots dans la cuisine, en tenant son doigt que son mari venait de mordre jusqu'à l'os pour la punir de je ne sais quoi. Elle tendait son doigt vers moi pour me le montrer. Cette pauvre femme pleurait et souffrait tellement que, du coup, moi aussi je me mis à pleurer sincèrement.

Au marché, mon patron vendait donc les casquettes de couleur bleue, verte et marron fabriquées avec le tissu des uniformes et des capotes. La surveillance de l'étalage était mon unique travail ; une mission importante, car il fallait se méfier des bandes de chapardeurs qui proliféraient dans la campagne et qui déboulaient les jours de marché pour voler un poulet, une casquette… À cette époque, beaucoup de gosses ont malheureusement appris à voler. À la fin de la journée, nous remballions la marchandise puis nous rentrions à Wroclawek. Cette période des marchés avec le chapelier a duré pendant plus d'un an.

Durant tout ce temps, ma mère accélérait son petit trafic entre Wroclawek et Varsovie. Les voyages avaient lieu maintenant deux ou trois fois par semaine. Elle partait parfois avec une de mes sœurs, mais le plus souvent, elle voyageait seule. Ces voyages répétés étaient éprouvants. Elle prenait le train la veille, passait toute la journée à Varsovie et repartait le soir même pour être de retour à Wroclawek le lendemain matin. En fait, deux nuits entières étaient nécessaires à chaque voyage. À cette époque, le train, je précise, ne roulait pas à plus de 30 km/h. La fréquence de ces voyages dépendait aussi de ce qu'elle avait trouvé à vendre entre-temps.

Ma sœur aînée, Hedja avait déjà réussi à cette période à se faire engager comme gouvernante chez des gens fortunés de Wroclawek, des personnes âgées. Elle dormait chez eux le soir. Une autre de mes sœurs, Fella, apprenait l'art de la couture chez une couturière. Charles et moi étions en âge d'aller à l'école. Pendant un certain temps, deux ou trois mois, nous avons fréquenté la même école. Nous suivions à l'époque des cours dans une école hébraïque de Wroclawek. J'y suis resté pour ma part très peu de temps, je le reconnais, préférant courir à droite et à gauche et vaquer à d'autres occupations plus terre à terre et plus rentables de mon point de vue de gosse. De cet intermède scolaire qui n'a duré que quelques semaines, je me souviens uniquement de notre professeur. C'était un petit homme à barbiche qui parlait en yiddish et très peu en polonais. Le yiddish est un dérivé de l'allemand (c'est pourquoi nombre de Juifs polonais comprenaient parfaitement ce que les Allemands racontaient à leur sujet). Après avoir quitté l'école, j'ai donc continué à travailler encore un peu pour le chapelier, qui me donnait de temps en temps, et selon son humeur, de quoi manger…

Puis un jour, las de ces privations qui n'en finissaient pas et sans rien dire à personne, j'ai décidé sur un coup de tête de retourner seul à Varsovie pour revoir mon père… Depuis notre arrivée à Wroclawek, je ne l'avais vu que trois ou quatre fois. J'avais 11 ans. Ma mère m'a raconté plus tard qu'elle m'avait cherché partout le lendemain, affolée, jusqu'à ce qu'elle tombe dans la rue sur une femme qui lui confirma qu'elle m'avait bien vu à la gare la veille au soir. Évidemment, arrivé à la gare de Wroclawek, je n'avais pas un seul zloty en poche pour acheter un ticket. De plus, je n'avais pas l'adresse exacte de l'endroit où mon père travaillait à Varsovie. Je suis quand même monté dans le train en me dissimulant sous la banquette durant le trajet, avec la complicité des femmes qui faisaient le même trafic que ma mère. Elles me cachaient derrière leurs grandes robes pour échapper au contrôleur. Voilà comment un matin, j'ai débarqué à sept heures à la gare de Varsovie.

En sortant de la gare, j'ai tout de suite eu le vertige. Je pensais que Varsovie était une ville comme Wroclawek. Perdu dans cette métropole, j'ai erré pendant des heures, inquiet à l'idée de ne jamais pouvoir retrouver mon père dans cette ville si immense. Je n'avais pas l'adresse exacte de l'endroit où il travaillait, mais je me souvenais vaguement avoir entendu un nom prononcé par ma mère : la maison Steinberg. J'ai erré toute la journée dans la ville, cherchant dans toutes les rues l'enseigne Steinberg. Dans le quartier juif, j'ai interrogé un commerçant qui m'a aussitôt indiqué la rue et l'emplacement de l'immeuble. Je m'y suis précipité. En fin de journée, il devait être quatre ou cinq heures de l'après-midi, j'étais épuisé et affamé ; je suis enfin arrivé à l'adresse indiquée. Je suis entré dans une cour et je me suis fait confirmer par un voisin la présence d'un atelier de menuiserie au rez-de-chaussée. Je suis rentré et j'ai trouvé mon père là, en train de travailler debout. Il est resté figé en m'apercevant. La première chose qu'il m'a dite en levant les yeux fut : « Mais qu'est-ce que tu fais là ? Comment as-tu fait pour arriver jusqu'ici ? » Je n'avais pas vu mon père depuis un an, c'est-à-dire depuis l'époque où nous avions emménagé dans la pièce que ma mère avait trouvée à Wroclawek. Depuis lors, il venait nous voir une fois par an pour la Pâque, c'est tout.

À Varsovie, mon père me trouva rapidement une place d'apprenti chez un fabricant de casquettes, mais l'atelier se trouvait de l'autre côté de la ville. Je devais marcher chaque jour une heure et demie à l'aller et au retour. Je n'avais pas un zloty en poche pour prendre le tramway. Dans cet atelier, il n'y avait en tout et pour tout que deux machines occupées en permanence par deux ouvriers qualifiés. Rares étaient les fois où ils pouvaient s'occuper de moi et me former au travail. Ma tâche consistait à veiller à ce que le fer à repasser (qui était lourd) fût toujours bien chaud. C'était un vieux fer en fonte dans lequel on emmagasinait par l'arrière des morceaux de charbon de bois incandescents. Je devais alimenter régulièrement le fer en charbon de bois et attiser le feu en soufflant sur les morceaux de charbon. J'étais aussi chargé de faire les livraisons de casquettes chez les clients. Pour cela, mon patron m'avait confectionné un reposoir en bois léger avec des bretelles fixées dans le dos sur lequel il entassait au minimum huit boîtes de trois casquettes. Je n'étais pas très musclé et au bout d'un certain moment mes épaules ressentaient le poids cumulé des casquettes et des boîtes. Ainsi harnaché, j'arpentais tous les jours la ville à pied sans qu'il ne me fût jamais possible de monter dans un tramway puisque mon chargement dépassait ma tête et mes épaules d'au moins 20 centimètres. J'avais bien fait une tentative mais j'ai été vite refoulé. Les distances étaient parfois très grandes d'un point de livraison à un autre. Il m'arrivait de mettre parfois trois heures pour aller et revenir. Cela me valait de temps à autre quelques remarques du patron, qui trouvait mes absences trop longues. Pour tenir le coup toute la journée, mon père me laissait chaque matin un peu de pain et de la graisse d'oie. J'ajoute qu'étant apprenti, je n'avais droit à rien. Quelquefois, on me donnait un peu de thé chaud, du café au lait, à l'atelier. Je suis resté à cette place quatre à cinq mois. C'était dur, trop dur. Un jour, j'ai averti mon père que j'en avais plus qu'assez de me trimballer dans la rue avec mon fardeau de casquettes, de faire les commissions pour le patron et les ouvriers, de préparer le fer, de balayer, etc. Bref, j'avais décidé de ne plus retourner chez ce patron qui me faisait travailler dur et pour des clopinettes. Je voulais faire autre chose. Déboussolé par cette prise de position, mon père a eu une réaction immédiate : « Tu ne veux plus travailler, c'est ça ! Tu dois quand même apprendre un métier, non ? Alors ? Qu'est-ce que tu comptes faire ? ». Je lui ai répondu que j'allais chercher chez un tailleur. À force de tirer les sonnettes, je n'avais pas peur de me présenter. J'ai trouvé peu de temps après une place d'apprenti chez un tailleur de Varsovie qui s'appelait Rochmann. Son atelier était situé sur une belle rue de Varsovie comparable aux Grands Boulevards, à proximité d'un cabaret. Je faisais les livraisons de vêtements, ce qui me paraissait plus léger que la hotte de casquettes. Le matin de bonne heure, j'étais chargé de faire les courses pour le petit-déjeuner de 10 heures qui avait lieu à l'atelier. J'avais 12 ans quand j'ai commencé à apprendre réellement le métier de tailleur. Sous la direction d'un ouvrier qui m'avait pris en sympathie, j'ai commencé par faire des revers, des bâtis au fil blanc, des boutonnières. Cet ouvrier ne cessait de m'encourager, de me montrer les meilleures techniques. C'est à cette époque que toute ma famille, ma mère et mes sœurs sont revenues de Wroclawek pour vivre à Varsovie définitivement. Notre famille était réunie après une séparation qui avait duré neuf ans.

À 14 ans, je suis devenu un petit ouvrier tailleur digne de ce nom. J'ai ensuite quitté l'atelier de Rochmann, rue Moniuskoi pour me retrouver dans une grande maison située dans une rue très élégante de Varsovie, un peu comme celles qui bordent l'avenue des Champs-Élysées à Paris. Là, le patron avait parmi ses clients des médecins, des avocats et des artistes. Il avait déjà quatre ouvriers sous ses ordres. Mais le fait le plus appréciable pour moi à l'époque était que, pour la première fois, j'étais payé normalement. Je percevais mon salaire, le premier du genre, toutes les semaines. Le soir, après la journée de travail, je rejoignais quelques copains dans le grand parc de Varsovie à côté de l'Opéra. Nous formions une bande de joyeux drilles. Parmi nous, il y avait bien entendu des filles. Avec mon salaire, j'avais de quoi leur payer des gâteaux ou le cinéma, ce que ne pouvaient pas forcément faire les autres. Nous allions quelquefois au cinéma. Pourquoi au cinéma ? Parce qu'au cinéma, j'emmenais ma fiancée de l'époque qui s'appelait Liona. Je m'en souviens parfaitement, c'était une jeune fille blonde et timide. Nous sommes sortis ensemble pendant plus d'un an. Cependant, lorsque nous nous promenions ensemble dans la rue (je connaissais Varsovie comme ma poche), elle craignait constamment de rencontrer son père ou sa mère. Cette attitude a fini par m'agacer, j'avais besoin de plus de liberté et je l'ai donc quittée. Disons que j'ai commencé ma vie d'adulte assez tôt.

Il m'arrivait assez souvent de garder le magasin le week-end. Je restais dormir dans la boutique et mon père venait chaque samedi m'apporter mes repas dans une gamelle. Quant à mon frère Charles, qui nous avait rejoints à Varsovie avant mes sœurs, il apprenait un métier différent, la fabrication de chaussures. À son retour de Wroclawek, mon père lui avait trouvé une place de mécanicien piqueur chez un fabricant de chaussures, pas très loin de l'endroit où nous habitions. Il avait cette chance. Il dormait dans le magasin et était devenu le compagnon de jeu du fils du patron qui continuait à étudier à l'école. Charles en profitait pour apprendre le soir en sa compagnie.

Conscient des progrès que je réalisais avec des ciseaux et des aiguilles, je décidais à 15 ans de chercher une place de petit ouvrier qualifié. Cela me permettrait d'échapper aux tâches de garde et de ménage que je faisais en plus de mon travail, conditions inhérentes au statut de jeune apprenti. Je ne savais pas encore monter une pièce entière, c'est vrai, mais je savais bien la préparer pour l'ouvrier qui prenait la suite. Pour réussir à me faire engager par un nouvel employeur, je n'hésitais pas à me vieillir de deux ans et à frapper aux portes. En fait, rien ne me faisait peur. Après quelques jours de recherche, je trouvais un nouvel emploi. Chez ce nouveau patron, j'étais mieux payé mais, en revanche, je devais travailler très tard jusqu'à minuit et me lever le lendemain matin à six heures. Mes journées se passaient de la façon suivante : le matin je restais à la boutique et l'après-midi, privilège du plus jeune de l'atelier, je faisais les livraisons chez quatre ou cinq clients. Ces journées de marche étaient épuisantes mais je récoltais des pourboires intéressants. Pour deux zlotys à l'époque, on pouvait bien déjeuner. Il n'était pas rare que je rentre épuisé et me couche sans même manger. Je suis quand même resté deux ans dans cette maison où j'ai appris mon métier. C'est à cette époque, vers l'âge de 16 ans, que j'ai commencé à avoir des problèmes avec mon estomac, sans doute à cause des quantités de pain sec et de graisse d'oie que j'avais avalées pendant des années faute de mieux. J'avais des crampes d'estomac terribles. Le premier médecin que j'ai consulté à l'hôpital, un vieux toubib, a conclu qu'il s'agissait d'un problème de nerfs. « Il faut brûler ça ! » a-t-il dit d'autorité. Sur le coup, j'ai pensé qu'il s'agissait d'un effet des médicaments. Le lendemain matin, il m'a convoqué à l'hôpital. J'y suis allé seul. Le médecin m'a fait asseoir sur une chaise, torse nu. Il a ensuite sorti de son sac un long ustensile en métal, de l'épaisseur d'une cigarette, qu'il a posé sur le feu jusqu'à ce que l'extrémité devienne rouge. Puis il m'a brûlé huit fois de suite autour du nombril assez profondément. Je ne me suis pas évanoui malgré la douleur. Suite à cette séance de torture, je suis resté quinze jours à l'hôpital le temps de la cicatrisation. Au seizième jour, il est revenu pour me dire qu'il fallait recommencer la même séance mais, cette fois-ci, derrière, dans le dos. J'étais prêt à me laisser faire une deuxième fois pour être définitivement soulagé de mes douleurs, mais un événement inattendu se produisit. Lors de cette deuxième intervention, j'avais remarqué que le médecin était flanqué d'un jeune malade comme moi, hospitalisé pour des problèmes pulmonaires, qui avait l'air d'être son protégé. À la première brûlure, je l'ai entendu susurrer : « plus fort, plus profond, docteur ! Plus fort ! Allez-y ! Plus profond ! » J'ai bondi de ma chaise comme un fou et je lui ai assené un coup terrible en pleine face avec mes deux mains. Il est tombé lourdement par terre et s'est mis à saigner de la tête ou des oreilles, je ne sais plus.

– Qu'est-ce que vous avez fait ? Qu'est-ce qui vous a pris ?, me demanda méchamment le médecin.

– Et qu'est-ce que vous me faites là ? Et ce garçon, que fait-il derrière moi ? ai-je rétorqué violemment.

J'avais déjà détecté chez ce jeune gars, durant ces quelques jours d'hôpital, un comportement et des réflexions antisémites caractérisés. Il savait que je m'appelais Abram Apelkir, comment ne l'aurait-il pas su ?

Évidemment, tout cela n'a pas réglé mes problèmes d'estomac, les crampes revenaient sans cesse, encore plus douloureuses. Je réussissais à diminuer la douleur en appliquant des compresses d'eau chaude. Les élancements n'ayant pas disparu, je suis allé voir un autre médecin, qui n'a pas mis trois secondes pour diagnostiquer un ulcère. Remarquant les traces violacées sur mon ventre, il m'a posé des tas de questions sur leur origine. Quand je lui ai dit le sort que m'avait fait subir le premier toubib, il a décidé avec d'autres collègues médecins d'enquêter sur le bourreau qui m'avait fait ça et de lui demander de s'expliquer. Je n'ai jamais su la suite de cette affaire. Je suis allé deux fois encore à l'hôpital, mais je ne me suis fait opérer que deux ans après en 1929 par un ancien médecin général de l'armée polonaise, un grand médecin, le docteur Wertheim. C'est cette année-là que mon frère Charles a obtenu un visa et a quitté la Pologne pour la France, où il s'est marié. L'idée de partir en France lui trottait déjà dans la tête, d'autant plus que son métier de piqueur dans la chaussure lui rapportait peu. Il craignait également un développement de l'antisémitisme. Un an avant de me faire opérer, j'avais rencontré par hasard chez mon ancien employeur un de ses amis, un dénommé Brivmann, qui était coupeur. Il avait appris ce métier en France puis était revenu en Pologne pour ouvrir un magasin de confection et de sur-mesure. Un beau jour, il m'a fait l'offre de venir travailler avec lui pour m'occuper des retouches et tailler quelques pièces de sur-mesure. J'ai travaillé avec lui pendant un an. Après mon opération, lors de ma convalescence, j'ai appris que son commerce avait fait faillite à la suite d'un vol de marchandises. Avant qu'il baisse son rideau, je lui avais demandé la possibilité de me prêter une de ses machines ainsi que des patrons tout faits pour la confection de vêtements d'hommes : pantalons, vestes, pardessus, etc. Depuis l'appartement de mon père où j'étais installé, je réalisais les essayages et confectionnais du sur-mesure. J'étais également apiéceur pour deux magasins.

Dès 1931, l'antisémitisme a commencé à se développer dangereusement à Varsovie. Les pages de faits divers racontaient les activités de bandes d'étudiants catholiques bien organisées qui se livraient, à intervalles réguliers, à des agressions dans le quartier juif. Malheureusement pour eux, ils sont tombés un jour sur une bande de forts des halles, des costauds, croyez-moi, le genre de types qui peuvent descendre trois étages avec un coffre-fort de 150 kilos sur le dos. Disons qu'après cette raclée, les choses se sont un peu calmées. Ces bagarres laissaient régulièrement sur le pavé des morts et des blessés graves des deux côtés. Le climat changeait. Nous suivions ces événements avec attention. Nous habitions à cette époque avec mes parents dans un quartier peuplé à 80 % de catholiques. Dans l'immeuble où nous vivions, il n'y avait en tout et pour tout que trois familles juives pour cinquante logements.

Je n'ai fait que quatre mois de service militaire à cause de mon état de santé encore fragile après l'opération. C'est à cette époque que mes deux sœurs, Liona qui était modiste et Fella, se sont mariées. Ma sœur aînée Hedja tenait à Varsovie une chemiserie et un magasin de disques. Ma sœur couturière, Fella, qui vivait à la maison avec nous, avait aussi sa machine et recevait ses clientes dans l'appartement. Un jour, elle reçut la visite d'une cliente inhabituelle puisque cette demoiselle allait devenir plus tard ma femme. J'ai rencontré Bella en 1929 après ma sortie de l'hôpital militaire. En fait, nous nous sommes fréquentés presque deux ans avant de nous marier. Ma sœur avait fait son possible pour favoriser notre rencontre. Ma future épouse, au moment où nous nous sommes rencontrés, était coiffeuse et travaillait elle aussi à son domicile. C'était plutôt le domicile de sa tante situé pas loin de chez nous, dans la même rue. Ses parents demeuraient dans la grande banlieue de Varsovie où son père avait une petite entreprise de pêche. La clientèle de ma femme, composée à 90 % de catholiques, devint par la suite la mienne. À cette époque et en ce qui me concerne, je dois souligner ici ma préférence pour les clients catholiques qui venaient me rendre visite. Ils choisissaient eux-mêmes leur tissu dans ma collection, à la différence de mes clients juifs qui venaient directement avec leur coupon sous le bras. Petit à petit, je me suis fait une importante clientèle auprès de catholiques fortunés : médecins, avocats, et leurs chauffeurs. Lors de cette période, je commençai à bien gagner ma vie. Lorsque je me suis marié, le 1er janvier 1931, j'habitais encore chez mon père. J'avais 21 ans et mon épouse 25 ans. La cérémonie religieuse passée, nos deux familles se sont retrouvées chez sa tante qui avait un grand appartement. Durant trois jours, le vendredi, samedi et dimanche, nous avons fait la fête et reçu plus de soixante-dix personnes au total, famille et amis réunis.

Un appartement de deux pièces était à vendre au rez-de-chaussée, au-dessous de chez mon père, dans la même cour. Je l'ai acheté. Ainsi j'ai pu recevoir tranquillement mes clients, acheter une glace à trois faces et installer l'atelier dans la cuisine comme chez tous les tailleurs. Chez mon père, l'espace occupée par ma sœur couturière était déjà bien rempli.

Ma première fille naît en 1932. Cette année-là, j'ai décidé de louer durant quatre mois un chalet (une datcha) pour y envoyer ma femme se reposer avec le bébé. Ce chalet se trouvait dans les environs de Varsovie et je m'y rendais tous les vendredis passer le shabbat en leur compagnie.

Entre-temps, un bottier s'était installé dans la rue. J'allais donc me faire fabriquer des chaussures sur mesure. Un jour, en allant retirer une paire que j'avais commandée, la femme du bottier me demanda si je ne connaissais pas un appartement à vendre ou à louer dans les environs. « Je vous vends le mien tout de suite, si vous voulez ! », lui ai-je répondu. Je cherchais alors à vendre mon appartement en espérant trouver plus grand, car mon deux pièces était trop petit et peu présentable pour la clientèle de hauts fonctionnaires et de médecins qui venait chez moi. Qui plus est, je venais d'engager un premier employé, un fils de paysan catholique. Le lendemain, le bottier s'est présenté avec une offre d'achat et j'ai vendu l'appartement en vingt-quatre heures. Ma femme ignorait tout de ce projet, aussi je me souviens de son étonnement lorsqu'à son retour je lui ai annoncé la nouvelle : « Ça y est, j'ai vendu l'appartement ! » En fait, j'avais vendu en faisant le pari d'en trouver un autre le jour même, ce que j'ai fait. Il s'agissait d'un appartement à louer et non à vendre. Le propriétaire était catholique et me demandait six mois de loyer d'avance. C'eût été un Juif, je suppose qu'il m'aurait demandé un dessous-de-table. J'ai payé tout de suite. Ma femme, avait plutôt mal pris le fait que j'aie vendu l'appartement sans la prévenir. Elle était très inquiète. Cela dit, je me fis fort de la rassurer et de l'informer que je venais de réaliser une pas trop mauvaise affaire. Peu de temps auparavant, elle avait fait connaissance d'une charcutière qui venait se faire coiffer régulièrement à la maison. Elle et son mari tenaient un commerce d'épicerie fine et vente d'alcools et tabacs rue Obozna. Mutilé de la Première Guerre mondiale, invalide à 100 %, l'État polonais avait octroyé à ce commerçant une licence de vente d'alcools et de tabacs, les bureaux de tabac étant réservés aux invalides de guerre. Un jour, sa femme proposa à Bella de prendre le commerce en gérance libre parce que son mari n'était plus capable de s'occuper correctement de l'affaire. En fait, il passait son temps à boire de la vodka et à liquider le stock de bouteilles d'alcool dans l'arrière-boutique avec ses amis. Il ne consacrait que peu de temps à faire fructifier son commerce. Cela devenait sans doute problématique pour cette femme qui voyait son commerce couler petit à petit. Elle cherchait donc une solution.

Nous étions en 1934. Mon épouse décida très vite de cesser son activité de coiffeuse à domicile pour relever ce défi. Moi, je travaillais toujours dans l'appartement et Bella gagnait chaque matin la boutique au 10 de la rue Obozna, dans le quartier chic de Krakowskie Przedmiescie. Le magasin se trouvait juste en face du grand théâtre national Polski, l'un des plus réputés de Varsovie et l'université se trouvait juste derrière.

À propos de l'université, un détail me revient : nous avions eu l'idée, en reprenant le magasin, de conserver sur la façade le nom du propriétaire : Wolcowicz, un nom complètement catholique. Ce détail aura son importance, surtout lors des manifestations violentes anti-juives. Nous avions évité de justesse les premiers déboires en 1936, lorsque des groupes d'étudiants de l'université avaient commencé leurs expéditions punitives dans la ville et incité au boycott des magasins juifs. C'étaient des fils de la haute bourgeoisie polonaise, reconnaissables de loin à leur uniforme et à leur casquette caractéristique couleur bordeaux et à visière noire. Ils portaient aussi un sabre au côté gauche. Leur technique était la suivante : ils débarquaient dans une rue et chaque étudiant prenait place devant la devanture d'un magasin juif, soit pour dissuader les gens de rentrer, soit pour leur faire le même reproche amer lorsqu'ils voyaient quelqu'un ressortir avec une chemise ou un manteau : « On n'achète pas chez les Juifs ! », lançaient-ils.

Quelques mois plus tard, ils recommencèrent leur mouvement en faisant cette fois-ci une grève générale qui dura six bonnes semaines. Leur mot d'ordre était « on ne veut plus s'asseoir sur les mêmes bancs que les Juifs ! ». Cela ne les empêchait pas, grâce à notre enseigne catholique, « Maison Wolcowicz-Stankiewicz », Stankiewicz étant le nom de jeune fille de ma femme, de venir tous les jours chez nous pour acheter des boissons, de la charcuterie, et de lancer au passage quelques injures sur les Juifs. Comment auraient-ils pu deviner nos origines en voyant l'étalage de jambon, de saucisson et de lard à l'intérieur du magasin ? Nous leur rendions la monnaie, un point c'est tout. Nos affaires ont d'ailleurs très bien marché durant ces six semaines grâce à eux. Toutefois, cette entreprise marchait déjà très bien sans eux. Ma femme travaillait avec deux employées vêtues d'une blouse blanche. Le magasin avec l'arrière-boutique occupait une surface d'environ 90 m^2 avec une devanture large de six mètres.

2

Les plus belles années

Compte tenu de la proximité du théâtre, notre clientèle régulière était extraordinaire, car elle était composée de gens du spectacle et de comédiens célèbres qui venaient s'approvisionner avant et après les représentations. Certains jours, il fallait avoir un bon stock de bouteilles de vodka et de lard aussi ! Imaginez que nous vendions par jour, à cette époque, 10 kilos de graisse animale au théâtre Polski. Les comédiens s'en servaient pour fixer leur maquillage. Nous recevions également tous les jours les techniciens, les décorateurs et les électriciens qui venaient se ravitailler en charcuterie, sardines fumées, bière et autres denrées. La seule contrainte relevait des horaires. Mon épouse ouvrait très tôt le magasin et finissait sa journée souvent vers minuit après la dernière représentation. J'avais pour habitude de passer au magasin chaque jour le matin pour prendre le petit-déjeuner et le soir après 7 heures.

Je ne mettais pas plus de dix minutes à pied pour aller de l'appartement à la boutique.

Il y avait chez nous deux sortes de petits-déjeuners : celui que nous prenions de bonne heure et qui se composait d'une tasse de thé avec un morceau de gâteau, et un autre plus copieux à deux heures de l'après-midi à base de harengs, de sprats (sardines fumées), de charcuterie et de choux. Heureusement qu'à cette époque, nous avions une gouvernante à domicile qui faisait manger la petite en notre absence. Cette clientèle de gens de théâtre et d'artistes que nous recevions dans le magasin de la rue Obozna prit bientôt comme prévu la direction de mon atelier de couture dans le nouvel appartement au 3 de la rue Zajecza. À cette clientèle d'artistes se joignirent des architectes, des hauts fonctionnaires et ensuite les cadres d'une grosse société de brasseurs, Aber Schiller, installé à deux pas de chez nous. J'ai eu aussi comme client de marque le chauffeur du Président, un certain Chouchevski. Il me commandait pas moins de cinq costumes par an et des pelisses pour sa femme. Ce type est resté dans ma mémoire car il ne cachait pas ses sentiments antisémites. Plusieurs fois, il m'a répété qu'il n'aimait pas les Juifs. « En vérité, me disait-il, je déteste les Juifs M. Apelkir. » Alors je lui répondais : « Mais M. Chouchevski, je suis juif moi aussi ! » « Mais vous, ce n'est pas pareil M. Apelkir. », me répondait-il amicalement. Nous sommes devenus amis malgré tout. Je me souviendrai toujours qu'un soir où j'étais sorti du ghetto sans pouvoir y retourner sous peine d'être arrêté, j'ai frappé à sa porte pour passer la nuit. À ses risques et périls, il m'a accueilli pour une nuit et donné à manger.

Lors de cette période, j'ai pu faire la connaissance de certains artistes anonymes ou célèbres, grands ou petits buveurs de vodka. Nous vivions bien et ne manquions de rien. C'était vraiment un moment formidable. J'ai même eu l'idée de partir un mois à Paris pour visiter l'Exposition universelle de 1937 dont on parlait tant et voir mon frère qui séjournait en France depuis 1929. Toutefois ma femme sut me retenir au dernier moment en argumentant qu'elle allait être obligée de garder le magasin toute seule et que nous risquions de perdre un client ou deux. Après tout, en matière de spectacle, il y avait suffisamment de quoi faire à Varsovie, qui était appelée à l'époque le « Petit Paris ». C'était effectivement une ville très riche en théâtres, en cabarets, en magasins de luxe. L'Orchestre philharmonique avait un grand succès. Entre-temps, j'en profitai pour m'évader de mon espace de travail et partager des soirées amicales à l'invitation de mes clients amis. Mes relations avec les comédiens du théâtre Polski m'auraient permis d'assister à toutes les pièces qui se jouaient dans les cinq théâtres de Varsovie. Tout le monde me connaissait. J'étais au théâtre comme chez moi. J'assistais aux générales avec la complicité de mes amis comédiens et techniciens. J'aimais aussi assister aux répétitions jouées naturellement en présence du metteur en scène. J'aimais tant cela que pour un peu, j'aurais pu devenir critique théâtral compte tenu du nombre de pièces auxquelles j'ai assisté durant ces années. À la fin de la guerre, lorsque j'étais à Lodz, j'ai retrouvé des comédiens de Varsovie qui m'ont proposé de travailler comme costumier et de créer des vêtements de scène. Je suis revenu au théâtre Polski après la guerre en 1967, lors d'un voyage que j'ai fait en Pologne. J'ai vu à ce moment-là une représentation de Roméo et Juliette que j'avais déjà vue avant la guerre. J'ai retrouvé l'ambiance que j'avais connue, mais pas les amis. Hélas, cette vie agréable ne dura pas.

3

La guerre

Le 1er septembre 1939, un an après le décès de mon père, les sirènes annonçant les premiers bombardements retentirent dans Varsovie. Aussitôt, j'allai me réfugier dans les sous-sols du théâtre Polski avec ma femme et ma fille. Quelques jours plus tard, une bombe toucha le théâtre, endommageant le grand escalier de marbre du rez-de-chaussée au deuxième balcon. Dans le sous-sol, je retrouvai les techniciens qui eux aussi s'étaient mis à l'abri, ainsi que le directeur du théâtre, M. Shifman. M'apercevant un jour avec ma femme au milieu de la foule, il me fit signe d'un air réjoui et s'adressa à moi : « Ah ! Vous êtes là M. Wolcowicz ! » À peine deux semaines après les premiers bombardements, nous avons vu les premiers uniformes allemands défiler rue Obozna. Je n'ai jamais revu M. Shifman et tant d'autres.

Notre fille Renia était née en 1932. Elle était brune avec des yeux noisette et nous l'aimions beaucoup. Nous en étions très fiers, c'était une fillette sérieuse et gaie. Peu avant la guerre, elle a commencé à fréquenter une école communale de jeunes filles et elle apprenait bien ses leçons à la grande satisfaction de ses maîtres.

Nos deux affaires marchaient très bien et nous vivions dans l'aisance. Nous habitions à Powisle, quartier résidentiel de Varsovie, dans un appartement de quatre pièces. Nous avions une bonne à tout faire, une villageoise polonaise, comme la plupart des bonnes dans les villes de Pologne. Elle nous donnait entière satisfaction. Elle était très attachée à notre fille. Jusqu'à la guerre, nous n'avions à nous plaindre de rien. Nous étions les seuls Juifs à habiter cet immeuble, et nous n'avions jamais d'histoires avec nos voisins.

Nous avions une belle et nombreuse clientèle, autant parmi nos coreligionnaires que parmi les Polonais, surtout dans le milieu des artistes, médecins, avocats et employés des assurances. On nous connaissait et respectait dans le quartier. Nous avions beaucoup d'amis parmi les Polonais et des relations privées suivies. Ce n'était pas le cas de tous les Juifs, car dans d'autres endroits, des actes d'antisémitisme se produisaient souvent et j'ai connu des Juifs qui avaient la vie dure.

Certaines organisations de droite nationaliste fascisante provoquaient çà et là des incidents. De nombreux étudiants de l'université de l'École polytechnique de Varsovie, membres de corporations traditionnelles coiffés de casquettes et ceints d'écharpes aux couleurs de leurs corporations cassaient les vitres de magasins juifs et les saccageaient parfois complètement. Cela s'était produit à Zelazna Brama, quartier où étaient groupés la plupart des grossistes en fruits. Notre magasin fut toujours épargné.

Là-dessus, la guerre éclata le vendredi 1er septembre 1939. À vrai dire, on s'y attendait depuis un certain temps. Les Polonais n'ont jamais été dupes des nazis. S'il existe quelqu'un en Europe capable de connaître les Allemands, ce sont bien les Polonais dont toute l'histoire depuis mille ans est une suite de luttes pour repousser l'envahisseur germanique, soit qu'il vienne de l'ouest dès le milieu du Xe siècle (Margraves de Misnie et de Saxe), soit plus tard du nord (chevaliers Teutoniques établis au XIIIe siècle dans l'actuelle Prusse-Orientale). Ces invasions se sont brisées face aux armées polonaises victorieuses.

Au début du XIe siècle, Boleslas Chobry (c'est-à-dire le Vaillant), deuxième roi de Pologne de la dynastie des Piast, établissait la frontière sur l'Elbe et faisait enfoncer les poteaux limitrophes dans le lit du fleuve. En 1410, à la grande bataille de Grunwald-Tannenberg, les Polonais et Lituaniens réunis sous la commande de Ladislas Jagniellon, grand duc de Lituanie et roi de Pologne, fondateur de la dynastie des Jagniellons, écrasaient à tout jamais la puissance militaire de l'ordre teutonique.

Il a fallu, à la fin du XVIIIe siècle, la situation particulière de la France, qui en pleine tourmente révolutionnaire ne pouvait intervenir, et le concours simultané de trois plus grandes puissances réunies – la Prusse, l'Autriche-Hongrie, et la Russie de Catherine la Grande

– pour rayer la Pologne de la carte, par les fameux partages. Aussi, dès la prise de pouvoir par Hitler, la Pologne s'attendait à la reprise de la « poussée vers l'Est » de l'impérialisme allemand, le fameux *Drang nach Osten* de Bismarck. Comme les Polonais sont respectueux de la parole des autres et exigent le respect de la leur, ils ont accepté de bonne foi le pacte de non-agression proposé par les Allemands en 1934. À ce propos, il est nécessaire d'insister sur le fait que les Occidentaux n'y ont rien compris et en ont dénaturé le sens. On a parlé d'une alliance polono-allemande et fait grand bruit dans la presse sur les parties de chasse du maréchal Göring en Pologne ou les voyages du colonel Beck.

Il est agaçant, douloureux et ridicule que cette méprise idiote soit encore de nos jours citée par beaucoup d'écrivaillons se prétendant historiens ou grands reporters, comme s'il s'agissait d'une alliance de la Pologne fascisante avec l'Allemagne hitlérienne. En fait, il s'agit d'un simple pacte de non-agression, et bien précisé comme tel, c'est-à-dire une convention entre deux pays voisins s'engageant à ne pas se faire la guerre. Il est une pratique courante et tout à fait normale qu'à l'occasion de la signature d'un acte diplomatique, il y ait un échange de visites officielles. Qu'un Göring représentant le chef de l'État allemand vienne chasser à Bialowieza avec le président de la Pologne Moscicki comme d'autres diplomates chassaient à Rambouillet, que le colonel Beck, ministre polonais des Affaires étrangères, se rende à la rencontre de ses homologues comme Ribbentropp ou Ciano, n'a rien de surprenant ni d'inhabituel en terme de diplomatie.

L'assurance de ne pas être attaqué pendant dix ans fut accueillie avec une certaine satisfaction et dans l'enthousiasme. Cependant, l'accueil de cet engagement fut mitigé par la méfiance naturelle des Polonais à l'égard des Allemands dont ils connaissent la fourberie de longue date.

Aussi, lorsqu'en mars 1939 les nazis occupèrent la Tchécoslovaquie et dénoncèrent unilatéralement et officiellement le pacte de non-agression polono-allemand, on comprit en Pologne que, tôt ou tard, on aurait la guerre. On l'espérait seulement plus tard.

Les fameuses déclarations de Chamberlain garantissaient l'intégrité de la Pologne contre toute agression hitlérienne. La France était liée par une authentique alliance à la Pologne, suite à un pacte signé en 1922 par les maréchaux Foch et Pilsudski. Le moral des Polonais était excellent ; on était persuadé qu'en cas de conflit armé, l'Allemagne serait battue conjointement par les Français, les Britanniques et les Polonais réunis. Il est triste et douloureux pour un témoin oculaire de se remémorer trente ans après l'état d'esprit confiant, voire enthousiaste, des Polonais peu avant et même durant les premiers jours de la guerre et d'en citer quelques détails.

Par exemple, les murs des villes comme des villages étalaient des grandes affiches cocardières représentant le maréchal Rydz-Smigly en grande tenue ou un soldat polonais souriant, casqué, baïonnette au canon, avec des légendes du genre : « Forts, unis, prêts », « Chef, conduis-nous », « Chut, tais-toi, l'ennemi écoute », des graffitis à la craie : « À Berlin », « On les aura », « Nous ne rendrons pas un seul arpent du sol natal », « Pas un bouton », etc. Cela rappelle le maréchal Lebœuf en 1870 et son fameux bouton de guêtre.

Tôt le matin du vendredi 1er septembre 1939, la radio polonaise diffusa à l'occasion de l'agression boche le message solennel du président Moscicki à la nation. Dans la matinée, les premiers avions isolés survolèrent Varsovie. Nous sûmes plus tard que la même chose se produisit dans d'autres grandes villes : Lwow, Cracovie, Poznan, Lodz, etc, lâchant çà et là des bombes, causant pas mal de victimes parmi la population civile. Des bombes de 500 kilos éventraient les immeubles du toit au sol. La mobilisation générale fut décidée. Les murs se couvrirent d'affiches, de proclamations, d'ordres de mobilisation des différentes classes et catégories de militaires de tous grades, réservistes, officiers en retraite. Des décrets d'état de siège furent émis comme par exemple la suspension de certaines libertés civiques, du secret des correspondances, cas prévu par la Constitution, les réquisitions de voitures automobiles, de chevaux, de certaines matières premières. De même, le couvre-feu et l'obscurcissement antiaérien furent décrétés, la défense passive se constitua, puis vint l'obligation d'avoir dans chaque maison au moins une pelle, un seau et du sable. Il y eut des interdictions, comme par exemple celle de vendre des boissons alcoolisées, qui aura des conséquences directes pour moi et mon épouse. Nos stocks importants de produits coloniaux comme le sucre, le café ainsi que la vodka et d'autres boissons devinrent pour nous un véritable problème.

Un jour, un de nos vieux clients polonais me demanda une bouteille de vodka comme médicament. En effet, en Pologne, on s'en servait couramment pour faire des compresses, se frictionner en cas de refroidissement ou bien désinfecter des plaies. Comme je le connaissais de longue date, je la lui vendis. En sortant du magasin, il tomba sur une patrouille de police qui le fouilla et trouva la bouteille. Deux agents de police, armés de fusils en bandoulière, emmenèrent ma femme au commissariat ; comme nous étions relativement connus, le commissaire du quartier la relâcha au bout de quarante-huit heures et classa l'affaire. Nous avions eu chaud.

Une autre fois, une espèce de voyou accompagné d'un soldat en uniforme, qui par sa façon de parler et son aspect, n'était manifestement pas de Varsovie, pénétrèrent dans le magasin et réclamèrent de la vodka. Sur mon refus, ils sortirent des pistolets et m'ordonnèrent de les servir.

Prétextant que les alcools étaient cachés dans l'arrière-boutique, je m'éclipsai et me sauvai par la fenêtre dans la cour d'où je filai alerter un officier du détachement stationné dans le voisinage. Mes deux agresseurs, sentant venir le vent, s'étaient sauvés. L'officier m'en réclama la description. Peu après, il revint avec mes deux agresseurs, pâles comme la mort (en effet, ils risquaient d'être fusillés sur-le-champ pour pillage), escortés par les soldats. J'eus pitié et fis semblant de ne pas les reconnaître. Le jeune soldat revint plus tard les larmes aux yeux pour nous remercier. Il devint notre ami dévoué et nous rendit par la suite des services appréciables. Par exemple, lorsqu'à la suite des bombardements il a fallu déménager ma mère et mes sœurs, il nous aida beaucoup en venant avec un chariot militaire et une paire de chevaux de l'armée. Une autre fois, toujours avec les mêmes moyens de locomotion, il m'accompagna à Stawki, un quartier éloigné, pour chercher dans une usine des conserves alimentaires et des marchandises pour le magasin de ma femme. En arrivant, de loin dans la rue, je voyais devant notre porte la longue file de gens qui attendaient l'ouverture du magasin.

Le premier jour de la guerre, la radio polonaise avait interrompu les programmes normaux, on n'entendait que de la musique militaire, des marches, entrecoupées de communiqués sur la situation ou de très nombreux messages codés. Dès les premiers bombardements, nous trouvions refuge dans le Grand Théâtre.

Le directeur, Shifman, qui nous connaissait bien, nous reçut dans l'abri bétonné aménagé à cet effet sous le théâtre avant la guerre. Le bâtiment du théâtre fut touché partiellement lors des premiers bombardements, mais dans l'abri nous n'avons pas souffert. La plupart des habitants des alentours s'y étaient réfugiés et nous les connaissions quasiment tous ; aussi nous partagions les vivres et réserves de notre magasin pour la popote commune. Il y avait dans ce théâtre, à côté des loges des artistes, une cuisine avec le gaz ainsi que dans la cuisine du concierge du théâtre, on y faisait cuire les repas pour tout le monde. Nous y avons passé la plupart de notre temps durant le siège de Varsovie jusqu'à l'entrée des Boches[1].

Aux alentours de notre magasin stationnaient jour et nuit des détachements de l'armée polonaise, objets de sollicitude de la population, l'armée ayant toujours été très populaire en Pologne. Souvent, on voyait des femmes qui leur offraient des boissons, du thé chaud, des casse-croûte, etc. Çà et là dans les cours, on voyait des pièces de DCA ou des mortiers. Je me souviens d'un garage, l'ancien théâtre de Kaminski, occupé par de nombreux militaires.

Vers le milieu de septembre 1939, le jour précis m'échappe, la radio polonaise annonça qu'une armée auxiliaire allait être formée à Minsk Mazowiecki, localité située à 45 km à l'est de Varsovie, sous le commandement d'un général célèbre. Cette armée allait « dégager » Varsovie de l'encerclement allemand. Tous les hommes valides étaient invités à quitter Varsovie et à la rejoindre. Je suis donc parti à pied avec deux de mes camarades. Arrivés à Minsk, nous fûmes reçus par le général en question dont je ne me rappelle plus le nom.

1. Varsovie capitule le 27 septembre 1939.

Il nous déclara que malheureusement, il ne disposait pas du matériel nécessaire. Les magasins manquaient d'uniformes, de chaussures, d'armes et de munitions pour nous équiper. Nous devions rentrer chez nous.

Deux jours après, nous regagnâmes Varsovie. Au bout de trois semaines, la Pologne était envahie et partagée en deux par les Russes et les Allemands. Seule Varsovie transformée en camp retranché résista héroïquement durant un mois supportant un siège infernal. Les plus harassants étaient les bombardements de l'artillerie allemande, bombardements irréguliers et inattendus, chaque fois à un autre endroit et à une heure différente.

L'eau, le gaz et l'électricité ne fonctionnaient plus. Il fallait aller chercher l'eau parfois fort loin avec des seaux ou des brocs dans les puits ou les fontaines (heureusement qu'en Pologne les fontaines à l'eau de source étaient encore nombreuses).

Puisque le gouvernement avait quitté Varsovie au début de la guerre pour les provinces du Sud-Est, ce fut le maire qui prit en main le pouvoir civil durant le siège. Finalement, il traita avec les Allemands des conditions de reddition.

Les Allemands entrèrent à Varsovie. Les persiennes des fenêtres étaient fermées, il n'y avait personne dans les rues. Les Varsoviens manifestaient leur hostilité par l'absence et le silence. Tout de suite, les nouveaux maîtres placardèrent des affiches, les rues se couvrirent de proclamations, d'ordres et d'interdictions. L'« ordre nouveau » s'installait. Le couvre-feu fut instauré. Je crois qu'au début c'était à 18 heures, plus tard à 22 heures. Il fallait, sous peine de mort, déclarer et rendre toutes les armes, y compris celles utilisées pour la chasse. Mon ami, camarade de cellule lors de ma détention dont je parlerai plus loin, fut arrêté à ce moment-là pour ce délit. Moi-même, j'avais conservé un pistolet caché dans le conduit d'aération. Au début, l'ancienne monnaie polonaise était valable, mais, plus tard, il fallut présenter les billets dans des offices où on les tamponnait d'un cachet.

Pour envoyer une lettre à l'étranger, il fallait se présenter au guichet et coller le timbre devant l'employé. Les timbres utilisés étaient d'anciens timbres polonais à l'effigie du maréchal Rydz-Smigly ou du président Moscicki, surchargé de l'aigle hitlérien avant la sortie des nouveaux timbres du Gouvernement général.

*

Dès le premier jour de l'entrée des Allemands dans Varsovie, je compris que je n'avais plus de petites amies dans l'immeuble où nous habitions. Tout de suite je suis devenue la Zydouwka, *la « [sale] juive ». Mon premier souvenir de cette journée est une petite voisine de mon âge qui m'a retenue par le bras alors que je descendais l'escalier de chez nous pour me traiter de « sales juive ». Dès les premiers jours, des chevaux morts sous les bombardements gisaient dans les rues. Les gens les décou-*

paient en morceaux pour se nourrir. Mais la première fois que j'ai senti que quelque chose de grave allait nous arriver, sans comprendre exactement quoi, c'était en rentrant de l'école. Près de chez nous, il y avait un garage. Des soldats allemands y avaient regroupé quelques Juifs vieux et jeunes, et s'amusaient à leur tirer la barbe et à faire couler de l'eau glacée à l'intérieur de leurs vêtements. Très vite notre appartement a été pillé par nos voisins polonais. Au dernier étage de l'immeuble, il nous est resté une amie, une fille de joie, une kurva, *qui se nommait Wanda*[1].

*

Quelques jours après l'entrée des Allemands à Varsovie, plusieurs SS se présentèrent avec un camion devant notre magasin. Ils savaient que nous étions juifs. Ils voulaient nos marchandises. Je répondis que tout avait été vendu. Ils nous rouèrent de coups de poing et de crosse de fusil puis m'obligèrent à leur donner les clefs. Avec un serrement au cœur, nous les regardions vider les caves de tous nos stocks. Ils chargèrent tout sur le camion, sans laisser un seul morceau de sucre. Je fus même obligé de les aider. Notre magasin avait cessé d'exister. Ma femme décida d'aller avec ma sœur à Bialystok, en zone russe, ville où vivaient de nombreux

1. Le témoignage de Régine Frydman a été placé en italique.

Juifs. Pour échapper à l'occupation allemande, beaucoup de Juifs émigraient clandestinement du côté russe.

Durant l'hiver 1939-1940, des milliers de fuyards juifs bivouaquaient à ciel ouvert pendant des semaines entières dans le *no man's land*, à cheval sur la ligne de démarcation, en attendant l'occasion de passer du côté russe. Refoulés alternativement par les Russes et les Allemands, ils furent finalement acceptés par les Russes.

Ma femme rentra à Varsovie au bout de quelques jours. Elle nous incita à nous soustraire à l'oppression boche. Nous décidâmes de quitter définitivement Varsovie pour aller à Bialystok où la vie était plus supportable pour les Juifs. Je tentai en vain et à deux reprises de passer de l'autre côté. Finalement, en décembre 1939, je réussis à acheter à Varsovie un chariot de paysan et deux chevaux. Nous laissâmes notre fille chez ses grands-parents maternels venus chez nous d'Aleksandrow Kujawski.

Nous partîmes avec mon beau-frère, le chariot chargé de marchandises, de cuir, de coupons de tissu et de sucre (environ 20 kilos), denrée alors la plus recherchée avec le sel. Ma femme était enceinte de huit mois. Nous arrivâmes à Malkinie où nous fûmes refoulés par les Russes, qui nous renvoyèrent aux Allemands. Nous dûmes rentrer à Varsovie. De plus, à Malkinie, tout mon chargement fut volé par notre guide, celui-là même qui devait nous faire passer la frontière et que j'avais engagé avant notre départ. De retour à Varsovie, je lui intentai un procès pour vol ; il fut condamné à une amende mais je n'ai jamais revu ma marchandise. J'ai revu ce type, peu après la guerre, à Dantzig, où il avait un commerce. J'ai fait semblant de ne pas le reconnaître. La raison pour laquelle je n'ai pas voulu le reconnaître, ou plus exactement les raisons sont les suivantes : d'abord, je lui ai fait un procès à Varsovie. Ensuite et surtout, après le pogrom qui avait eu lieu à Kielce[1], je n'ai pas voulu me faire remarquer par quelqu'un qui savait que j'étais juif. Dieu sait ce qui pouvait m'arriver.

Le 29 janvier 1940, ma femme accoucha d'une deuxième fillette, Nathalie. Comme nous n'avions plus le droit, en tant que Juifs, de nous rendre à l'hôpital, ma fille naquit à la maison avec l'aide d'une sage-femme polonaise, une cliente et amie d'avant la guerre. À cette époque déjà, les Juifs étaient astreints au port d'un brassard blanc sur le bras gauche avec l'étoile de David bleue. Plus tard, l'expérience nous apprit que c'était pour faciliter les rafles.

Les Boches bloquaient une rue, voire tout un quartier avec des camions, et les SS n'avaient qu'à arrêter tous les passants portant le brassard[2]. L'ayant compris,

1. Le Pogrom de Kielce du 4 juillet 1946 a été perpétré par la population polonaise, avec la participation de policiers et de soldats, contre la communauté juive de cette ville déjà éprouvée par la déportation. C'est à la suite de rumeurs sur des enlèvements d'enfants accompagnés de crimes rituels que la violence atteint son paroxysme provoquant la mort de 42 personnes (39 Juifs et 3 Polonais), tandis que 80 autres étaient blessées.

2. « Nous avons peur de descendre dans la rue car une patrouille peut nous arrêter et nous envoyer au travail forcé ». Emmanuel Ringelblum,

je sortis par la suite sans brassard bien que ce fût strictement interdit. Les Juifs ainsi embarqués étaient utilisés à des travaux de déblaiement des rues après les bombardements de septembre 1939. Tous ceux qui étaient attrapés étaient inscrits, on notait leurs nom et adresse, et ils devaient se présenter le lendemain ainsi que les jours suivants. Le travail s'effectuait dans des conditions bien dignes des nouveaux maîtres du Grand Reich. Il fallait travailler toute la journée à la pelle et à la pioche, sans aucune nourriture, gardés par des chiens féroces et frappés à coups de gaule par les SS. À la fin de la journée, il fallait passer entre une double rangée de SS qui nous distribuaient généreusement une ultime bastonnade et excitaient leurs chiens en disant : «*Mensch, happ der Hund !*» (Homme, attrape les chiens !).

Chronique du ghetto de Varsovie, Éditions Robert Laffont, Paris, 1959, p. 35.

4

Dans le ghetto

À la fin de 1940[1], les Allemands annoncèrent officiellement la création du sinistre ghetto de Varsovie, ghetto qui s'est rendu célèbre dans les annales par son héroïque et désespéré soulèvement en avril 1943. À cet effet, ils commencèrent à murer toute l'enceinte du quartier qui était destiné à devenir l'une des plus grandes prisons juives de ce monde. Ils ordonnaient à tous les Polonais qui habitaient le secteur de le quitter et à tous les Juifs de Varsovie d'y aller, avec l'interdiction sous peine de mort d'habiter en dehors du ghetto. Plus tard, on y entassa d'autres Juifs venant d'ailleurs. Je n'ai pas eu d'attribution officielle d'un logement. Je devais quitter notre appartement dans les vingt-quatre heures. Je me suis trouvé dans la rue. Je ne savais pas quoi faire de nos meubles.

Bien que ce fût interdit, j'ai racheté à un agent de police polonais son logis composé d'une pièce et cui-

1. Précisément le 12 octobre 1940.

sine – il devait de toute façon quitter ce qui serait le futur ghetto. Au moins, nous avions un toit pour nous abriter avec ma femme et mes filles. J'ai pu placer mes meubles çà et là, en dehors du ghetto, chez des amis polonais.

L'un d'eux avait été employé avant la guerre chez Gebethner et Wolff, une des deux plus grosses maisons d'édition polonaises. Nous n'avions emporté que des provisions, un peu de linge de corps et un seul lit. Les deux premières semaines, nous fûmes hébergés chez des amis juifs, car c'est seulement à ce moment que je réussis à racheter le petit logement évoqué plus haut. C'était au n° 31 de la rue Muranowska, avec une sortie sur la rue Przebieg où se trouvait un asile de vieillards qui jouera un si grand rôle dans la suite des événements. Cet asile était réservé exclusivement aux Polonais, et les Allemands décidèrent de le garder à cet usage. Pour l'isoler du restant du ghetto, il fut entouré d'une palissade en planches et surmonté d'une passerelle par où les Juifs pourraient passer sans contact avec les occupants de l'asile. Cette palissade allait nous rendre de sacrés services plus tard.

La situation alimentaire étant devenue insupportable, de nombreux juifs, au risque de leur vie, sortaient clandestinement du ghetto pour s'approvisionner au marché noir du côté polonais (c'était interdit sous peine de mort). À un endroit de la palissade, on arrangea deux planches de telle manière qu'on pouvait les soulever de l'intérieur du ghetto et faire passer des personnes adultes. La vie dans le ghetto n'était pas rose. C'étaient surtout les vivres qui manquaient. Les Allemands ne fournissant rien, il nous fallait nous débrouiller par nos propres moyens. Tout provenait du trafic. Il fallait acheter au-dehors. On arrivait ainsi à avoir de la farine vendue par sacs grâce à des Polonais qui faisaient du trafic avec le ghetto, voire du blé en grains. Nous avions une minoterie et des boulangeries clandestines dans le ghetto. Parfois, en graissant la patte aux gardiens allemands, de véritables convois de chariots pénétraient par les portes d'entrée. On réussissait à avoir ainsi des vaches et autre bétail, pour l'abattage clandestin. La charcuterie comme le jambon et le saucisson étaient des marchandises auxquelles le ghetto n'avait pas droit. Les Allemands ne fournissaient qu'un petit contingent de produits rationnés auxquels nous avions théoriquement droit avec des cartes de rationnement. C'était nettement insuffisant pour l'ensemble de la population.

Les cartes de rationnement donnaient droit à des quantités infimes, juste de quoi empêcher de mourir de faim. Les rations de pain diminuaient et sa qualité aussi ; à la fin, il était franchement noir et dur comme de la pierre. La ration de pain était au début de 250 grammes, puis de 200 grammes et enfin de 150 grammes par jour. Il n'y avait plus de sucre. La confiture n'était que de la vulgaire marmelade à la saccharine. Elle était rationnée à 100 grammes pour trois jours, si mes souvenirs sont exacts. Certains détails m'échappent. À cette époque, mon épouse tenait une petite boutique d'alimentation à l'intérieur du ghetto. Nous arrivions à y avoir des marchandises prohibées. Il fallait se garder de laisser à la vitrine des victuailles, car il arrivait que des gens affamés cassent les vitres pour s'en emparer. Nous y avions évidemment aussi des produits contingentés. C'était au coin des rues Przebieg et Muranowska. Un jour, en effectuant une rafle, une bande de SS qui passaient par cette passerelle au-dessus de la maison de vieillards remarqua à l'intérieur de la boutique du jambon et autres charcuteries. Ma femme fut arrêtée et conduite au commissariat juif pour savoir où elle s'était procurée cette marchandise. Elle fut relâchée au bout de deux jours, et les produits furent confisqués. Le magasin fut fermé.

L'entassement des gens devenait indescriptible et les conditions de vie inhumaines. Au début, on obligea les Juifs de Varsovie à s'installer dans le ghetto. Puis les nazis en amenèrent d'un peu de partout sans se préoccuper de savoir s'il y avait de la place. Les gens couchaient dans des caves dégoulinantes d'humidité, sans lumière, sans chauffage, parfois sans fenêtres, dépourvues de toute installation sanitaire. Dans certains cas, ils étaient obligés de satisfaire leurs besoins dans un coin de la cave où tout le monde couchait. La plupart avaient été amenés là de force, embarqués dans des rafles, sans bagages et n'ayant pu emporter que ce qu'ils avaient sur eux. Et tout cela sans aucune distinction du statut social. Dans la famille de mon beau-frère de Kalisz il y avait un violoniste connu et sa sœur pianiste qui l'accompagnait dans ses concerts. Ils ont eu en attribution une cave à charbon avec leurs père et mère.

La maison où nous habitions était devenue un véritable centre commercial avec l'extérieur. Les fenêtres du nº 31 de la rue Bonifraterska donnaient sur le côté polonais. Nous avions « arrangé » les grilles d'un soupirail de la cave de façon à pouvoir en retirer les barreaux de l'intérieur, tout en conservant son aspect extérieur afin qu'il ait l'air d'être bien en place. Par cette fenêtre de la cave, ainsi que par le passage entre les planches de la palissade, des Polonais venaient faire du commerce clandestin avec les Juifs du ghetto. Ils y apportaient surtout des vivres. On faisait du troc et on payait en argent comptant. Les Polonais achetaient des chaussures, surtout des bottes, des fourrures, des tableaux, de la vaisselle de cristal, des bijoux, de l'or et autres objets de valeur.

Notre immeuble était habité par plusieurs personnes qui s'occupaient activement de ce commerce et en vivaient. Il n'y avait pas moyen de faire bande avec eux. C'étaient des gens sans aveu, ayant des professions douteuses, anciens voleurs, petits voyous, etc. Nous étions très exposés avec ma femme, car les Boches perquisitionnaient souvent. Mais comme nos réserves de vivres touchaient à leur fin, j'ai décidé (malgré le risque) de sortir clandestinement du ghetto. Je me suis rendu avant tout chez des amis polonais auxquels j'avais confié des marchandises comme des coupons de tissu ou des boissons alcoolisées. En les vendant peu à peu, j'arrivais à gagner un peu d'argent qui me permettait de faire quelques achats à Varsovie, hors du ghetto.

Chaque fois, je rentrais avec des petites quantités de provisions qui permettaient de nourrir ma femme et mes filles et d'aider quelques parents (cinq du côté de ma mère et dix du côté de mon père). Un Polonais que j'appellerai M. X[1], car il vit encore et préfère garder l'anonymat, me fut d'un grand secours. C'était un homme qui faisait partie de mes amis et que je connaissais avant guerre. Il avait été l'un de mes clients. Il venait chez nous dans le ghetto deux ou trois fois par semaine. Comme il était fonctionnaire à la Police judiciaire polonaise, il avait un laissez-passer officiel pour pénétrer dans le ghetto.

Chaque fois qu'il nous rendait visite, il nous apportait quelque chose à manger par petites quantités qu'il pouvait dissimuler dans les poches pour ne pas attirer l'attention, car les portes d'entrée du ghetto étaient gardées par les Allemands en armes et il fallait montrer patte blanche. C'était une bouteille de lait, un quart de beurre, quelques œufs ou des friandises pour nos filles, chocolat ou bonbons. Cela avait une grande importance pour ma femme et moi, car nous vivions très isolés et ces visites nous faisaient moralement un grand bien.

Ceux qui n'ont pas vécu dans des circonstances analogues ne peuvent pas comprendre combien l'isolement

1. Il s'agit de M. Henryk Goujik cité à plusieurs reprises dans le manuscrit de Rénia-Régine, la fille d'Abram Apelkir.

dans un monde hostile est difficile et pénible, tout cela sous la terreur, sans certitude du lendemain, la seule préoccupation étant de survivre en ne pensant qu'à « ce qu'on va manger demain ».

Aussi aujourd'hui, avec un recul de près de trente ans, nous repensons avec émotion, ma femme et moi, à M. X et à ses visites, d'autant plus que lui aussi risquait gros s'il était démasqué par les Boches. Nous tenons, si ces pages lui tombent un jour sous les yeux, à lui exprimer ici toute notre reconnaissance. Il est à souligner que de nombreux Polonais obligés de travailler lors de l'occupation allemande, que ce soit dans l'administration, les postes ou le chemin de fer, gardaient une haine farouche de l'occupant et méprisaient les Allemands tant qu'ils pouvaient, tout en faisant semblant de collaborer. La plupart faisaient partie des mouvements de résistance, très organisés en Pologne. M. X m'apportait des convocations fictives pour être « interrogé » à la Police judiciaire ; ces convocations officielles, établies à mon nom, me permettaient de sortir du ghetto tout à fait légalement.

Parfois, j'étais « cité comme témoin », d'autres fois comme « suspect ». Cela me permettait de faire tranquillement des achats du côté polonais. Quand je n'avais pas de convocation de M. X, j'étais obligé de me risquer clandestinement en sortant soit par la cave, soit par le trou dans la palissade. La première chose à faire était de retirer le brassard avec l'étoile de David, car il n'y avait officiellement plus de Juifs à Varsovie en dehors du ghetto. Je risquais ma vie pour un peu de nourriture. Parfois je tombais sur des jeunes voyous, de véritables salopards qui attendaient de l'autre côté des clients comme moi pour les rançonner sous menace de dénonciation aux Allemands. Je m'en suis tiré à chaque fois en leur graissant la patte. Ils m'appelaient « le chat botté », car chaque fois j'étais déguisé différemment.

À chacune de mes « sorties », je profitais de l'occasion pour aller manger dans un restaurant situé dans la rue Marszalkowska. Il était fréquenté par beaucoup d'Allemands. Je prenais deux repas dans la crainte d'être obligé de jeûner le lendemain. Pour rapporter quelques friandises pour les enfants, j'allais à la célèbre pâtisserie de Gajewski au coin des rues Marszalkowska et Koszykowa où un de mes anciens camarades d'école travaillait comme garçon. En prenant une table, on avait droit à une ration comprenant un café, une tranche de tarte et trois gâteaux. Mon ami me servait une ration double. En sortant, j'emportais du vestiaire un colis préparé entretemps à mon intention, rempli d'un assortiment de pâtisseries, avec mon manteau. Ces jours-là, c'était la grande fête à la maison, les enfants se croyaient au paradis.

Un jour, les murs du ghetto se couvrirent d'affiches annonçant que, sous peine de mort, tous les Juifs du ghetto devaient rendre leurs manteaux de fourrure[1]. Il

1. Ce décret a été promulgué dans le courant du mois de janvier 1942 : « Le mois de janvier a été marqué par le décret sur les fourrures, un décret qui a affecté l'ensemble du Gouvernement Général. L'obligation de remettre leurs fourrures a surtout frappé les Juifs pauvres, qui parfois

fallait les déposer à la mairie, le ghetto étant organisé en municipalité juive distincte. Les Allemands se servaient souvent de ce procédé imposant à la communauté juive l'obligation d'exécuter leurs ordres. Comme les pelisses de ma femme et la mienne étaient de grande valeur, j'achetai en sous-main deux vieilles fourrures et nous les portâmes à la mairie juive comme si c'était les nôtres.

Un soir, quelques SS sont venus perquisitionner chez nous. Pendant que je les retardais dans l'entrée, ma femme eut le temps de cacher nos fourrures dans un poêle ; ils sont partis sans rien trouver. Notre immeuble commençait à être connu des Allemands qui s'y rendaient de plus en plus souvent. Il y en avait un que nous appelions Frankenstein[2]. C'était un SS qui avait une pâle et sale gueule et qui ressemblait à Boris Karloff dans son célèbre rôle de monstre, d'où son surnom. Il

---

n'avaient pour tout manteau qu'une vieille pelisse. Le décret a appauvri le ghetto de dizaines de millions de Zlotys… Des milliers de fourrures ont été passées au coté aryen, chez des amis chrétiens. D'autres ont été cachées au ghetto même, ou même détruite, par des gens qui ne voulaient pas les remettre aux mains de l'ennemi. » E. Ringelblum, *Chronique du ghetto de Varsovie*, *op. cit.*, p. 265.

2. « La semaine dernière a été une semaine sanglante. Des contrebandiers ont été abattus presque chaque jour. Surtout dans le petit ghetto, ou monte la garde un gendarme qui a été baptisé Frankenstein parce qu'il ressemble physiquement au monstre du cinéma, et parce qu'il se conduit comme lui. C'est un chien sanguinaire qui chaque jour tue un ou deux contrebandiers. Son déjeuner ne passe pas tant qu'il n'a pas versé du sang juif (Note du 30 mai 1942). » E. Ringenblum, *Chronique du ghetto de Varsovie*, *op. cit.*, p. 297. À propos de Frankenstein voir encore p. 305-306 de cet ouvrage.

avait vraiment l'air taillé à coups de serpe. Un jour, il avait vu de loin quelqu'un qui avait pénétré dans notre maison. Sortant son pistolet, il courut pour le rattraper. Lors de passages clandestins, le dispositif juif comprenait deux hommes en bas, près de la palissade, et un guetteur plus haut dans les escaliers. Ce jour-là, c'était le tour d'un nommé Mosiek Benkart. Il aperçut Frankenstein et se sauva en courant, avertissant les autres, mais Frankenstein réussit à en tuer un. Ce fut la panique parmi les locataires de notre immeuble. Toute la journée, personne n'osa sortir de son appartement.

Quand je rentrais du ghetto lors de mes sorties, je n'étais jamais seul. Souvent j'étais accompagné par un jeune Polonais nommé Janusz. Il était pauvre et honnête. Pour un peu d'argent, il m'aidait à porter ma valise de vivres jusqu'à la rue Bonifraterska d'où je n'avais plus que quelques pas à faire. Jamais il ne m'a fait défaut ni dénoncé. J'ignore ce qu'il est devenu. Peut-être est-il tombé dans les rangs de la résistance polonaise, lors du fameux soulèvement de Varsovie en 1944. Il m'a rendu de bien grands services.

Un soir, je rentrais assez tard et il y avait un épais brouillard. En m'approchant de la fenêtre donnant sur le côté aryen, où habitait mon beau-frère, je n'ai pas remarqué l'Allemand en sentinelle dans la rue. Je précise que pour rentrer, d'habitude, je m'approchais de la fenêtre de mon beau-frère, gardien de l'immeuble, pour me montrer et lui faire signe. Après quoi, il allait me débloquer le passage de l'intérieur. Mais, cette fois-ci, ce fut l'Allemand qui m'aperçut le premier et se mit à courir en braquant son fusil et criant : « *Halt, Halt !* » J'eus le réflexe de jouer le poivrot. Faisant semblant de tituber, je me mis à uriner contre le mur. L'Allemand, me prenant pour un Polonais ivre qui cherchait son logement, me fit signe de m'éloigner. Heureusement, ce n'était pas un SS, mais un *Feldgendarme* de la Wehrmacht, qui était tout de même plus bonasse. J'ai dû m'éloigner du mur du ghetto. Tapi dans l'ombre, j'attendais une occasion pour me manifester à la fenêtre en question. Entretemps, ma femme et ma fille étaient descendues, inquiétées par mon retard. Cette fois-ci, c'est moi qui surveillais le Boche. Toutes les cinq minutes, j'essayais de m'approcher de la fenêtre. Finalement, j'ai pu faire un signe aux miens. Ils allèrent m'attendre au passage secret. Lorsque l'Allemand s'éloigna pour revenir sous la fenêtre, je le contournai et pus passer. Il était temps, j'étais couvert de sueurs froides tellement j'avais eu peur. J'ai décidé de ne plus risquer ma vie pour aller chercher du ravitaillement. Mais avec le temps, la peur s'estompa. Comme la nécessité s'en faisait sentir et qu'il était impossible de nous ravitailler, je me risquai une fois de plus dans les sorties clandestines, ne fût-ce que pour maintenir le contact avec les gens chez qui j'avais déposé des affaires pour qu'ils sachent que j'étais toujours vivant.

Comme je l'ai indiqué, j'avais par-ci par-là certaines quantités de marchandises, ainsi que des affaires personnelles chez des amis polonais : du linge, des vêtements et des meubles. Il m'arrivait parfois de me faire héberger pour la nuit chez l'un d'eux à cause du couvre-feu. La fois où j'ai failli me faire prendre par la sentinelle sous ma fenêtre, je venais de rentrer vers 21 heures par l'un des derniers trams avant le couvre-feu. Le couvre-feu officiel était alors fixé à 22 heures et les trams ne circulaient plus après cette heure, sauf ceux réservés aux Boches qui fonctionnaient toute la nuit. Un jour où je n'ai rien trouvé à acheter pour manger, j'ai décidé de passer la nuit sur place pour essayer de trouver quelque chose le lendemain, plutôt que de rentrer au ghetto les mains vides. J'ai été chez un Polonais que je connaissais avant guerre. Il était concierge au nº 19 de la rue Swietokrzyska où habitait l'un de mes camarades. Je lui demandai s'il pouvait m'héberger pour la nuit. Il me répondit que je tombais bien, car il allait partir à la campagne chercher des victuailles et que je pouvais dormir dans la chambre inoccupée. On y accédait par la cuisine de sa loge. Sa femme, qui couchait avec leur fille dans la cuisine (seule pièce chauffée), poussa le loquet par habitude. Le charbon étant rare et cher, cette pièce n'était pas chauffée. Il faisait un vrai hiver polonais. Je me couchai tout habillé. La femme du concierge m'avait donné avant la nuit du potage chaud ; mais le froid eut bientôt le dessus, je fus pris d'un besoin irrésistible d'uriner, pris par des crampes douloureuses. Impossible d'ouvrir la fenêtre, elle était prise par glace. Comme cela se voit fréquemment en Pologne, il y avait tout autour des glaçons gros comme des bras, longs jusqu'au coude et sur les vitres une couche d'environ deux doigts d'épaisseur. Je ne voulais pas réveiller la femme de mon hôte pour sortir par la cuisine où elle dormait. J'étais gêné et j'avais peur qu'elle se méprenne sur mes intentions. Il n'y avait dans la pièce aucun récipient. Finalement, j'eus l'idée de me satisfaire dans une de mes bottes. Mais comme je me réveillais plusieurs fois dans la nuit tellement la vessie me faisait mal de froid, j'eus vite fait de remplir mes deux bottes, projetant d'aller le matin les vider dans les W-C de la cour. Mais le matin, tout avait bel et bien gelé et il m'était impossible d'enfiler mes bottes. Elles étaient lourdes et dures comme de la pierre. J'ai été aux toilettes en chaussettes. J'ai été obligé d'attendre toute la matinée avant de pouvoir les vider et les remettre. Tout cela au grand amusement de la fillette et au grand dam de sa mère à qui ça ne plaisait guère.

La vie dans le ghetto devenait de plus en plus pénible pour tout le monde. Nous ne faisions pas exception. Les familles recouraient à tous les moyens pour survivre. Même les enfants en bas âge participaient à ce dur combat pour l'existence. Des gosses de quatre, cinq ans parfois, étaient envoyés clandestinement chercher de l'approvisionnement en dehors du ghetto. Aux endroits où le mur qui enfermait le ghetto coupait au travers d'une rue, l'écoulement du ruisseau des eaux de pluie passait dans un trou fait d'une brique qu'on n'avait pas posée là à cet effet. En descellant une autre, on obtenait un trou suffisamment large pour qu'un gosse de quatre à six ans puisse s'y glisser – les Allemands les appelaient « *die Ratten* », les rats, car ils sortaient des trous et y disparaissaient. Ils arrivaient à rapporter une miche de pain ou deux kilos de pommes de terre. À cette époque, il y avait un gamin d'environ neuf ans qui venait chez nous, silencieux, affamé et qui sans rien dire nous regardait avec des yeux d'animal traqué. C'était intenable. Il portait dans ses bras un bambin de deux ans, squelettique, miséreux, tellement famélique qu'il ne pouvait pas marcher. Ma femme apitoyée leur donnait une assiette de potage chaud avec un morceau de pain. Ils revenaient tous les jours. Mais il en venait d'autres avec eux, et bientôt ils furent trop nombreux. Nous n'avions vraiment pas de quoi les nourrir tous, et malgré un pincement au cœur, nous fûmes obligés de les repousser.

Un jour, je fus convoqué au commissariat juif, au n° 4 de la rue Gesia. Le ghetto avait une police intérieure juive. Les portes d'entrée étaient gardées à l'extérieur du ghetto par des guérites avec des sentinelles allemandes, des SS avec des chiens, des auxiliaires de la *Feldgendarmerie* et des policiers polonais en uniforme. À l'intérieur, le ghetto était surveillé par des policiers juifs. Ils avaient des tenues disparates, généralement des vestes bleu marine et des casquettes de la police polonaise. En 1941, je reçus donc une convocation au commissariat juif pour être envoyé, comme des milliers d'autres Juifs, dans des camps de travail obligatoire. Évidemment, je ne me suis pas présenté. Des miliciens juifs sont venus me chercher. À ce moment-là, j'étais alité, gravement malade ; j'avais des maux d'estomac et j'étais couvert d'abcès. Quand ils sont venus et qu'ils ont vu dans quel état je me trouvais, ils m'ont laissé momentanément tranquille ; ils allaient bientôt revenir. Ils l'ont fait plusieurs fois, tentant de m'emmener, mais chaque fois j'ai opposé une résistance, argumentant que je ne voulais pas aller travailler pour les Boches. Finalement, un jour, je les ai mis à la porte de force. Une heure plus tard, ils sont revenus à cinq. D'emblée, ils m'annoncèrent qu'ils ne s'en iraient pas sans moi et qu'ils avaient l'ordre du commissariat soit de m'arrêter vivant, soit d'y apporter mon cadavre. Ils me donnèrent leur parole d'honneur que lorsque le commissaire verrait lui-même mon état de santé, il me dispenserait, mais il fallait que je me présente en personne. Je n'avais pas le choix. Néanmoins, sur place, il s'avéra que les circonstances les plus graves ne pouvaient être prises en considération. Quelles que fussent mes raisons de ne pas partir pour les travaux obligatoires, personne n'irait à ma place. Les Allemands avaient fixé d'avance le contingent de Juifs que la municipalité juive devait livrer elle-même, et il n'y avait aucune possibilité de ne pas obtempérer. Je fus immédiatement transporté rue Lesna où se trouvait la quarantaine. Il y avait là déjà plusieurs milliers de Juifs devant être envoyés dans les différents camps de travail. Le plus souvent, c'était le long de la frontière russe où les Allemands construisaient des fortifications, des routes, des tranchées et des abris.

Chaque matin, il y avait un appel pour désigner ceux qui devaient partir pour la nouvelle destination. Dans les locaux, une pièce servait de dépôt d'objets de valeur. Elle était constamment fermée, mais je réussis à l'ouvrir. Cette porte n'était pas fermée à clef, on en avait simplement retiré la poignée montée sur une tige carrée laissant en vue le trou de serrure à section carrée. Je démontai dans une autre pièce une poignée similaire avec sa tige et m'en servis pour entrer dans cette pièce. Elle contenait divers objets de valeur pris aux Juifs et entassés en attendant d'être emportés en Allemagne. Il y avait des tableaux de maître, des tapis, de la vaisselle, de l'argenterie, des pianos et d'autres meubles. Je m'y cachais tous les matins lors des appels. Après la sinistre cérémonie, je ressortais pour me mêler à ceux qui restaient encore. Dans la pièce en question, il y avait un téléphone. J'en profitai pour donner un coup de fil à mon ami polonais chez qui je passais parfois la nuit lors de mes sorties clandestines du ghetto. Je lui décrivis la situation et lui demandai s'il pouvait m'aider à organiser mon évasion. Je lui expliquai qu'au moment des appels, je me trouvais toujours dans la pièce du troisième étage dont la fenêtre donnait sur la rue, et que, le long du mur, serpentait le tuyau qui devrait me permettre de glisser jusqu'en bas. Mais il fallait absolument que quelqu'un m'y attende. Il me promit d'être là à 6 heures du matin et de m'attendre en face. Il est effectivement venu, accompagné d'un camarade, mais m'avertissant par signes qu'il y avait en bas des Allemands qui gardaient le bâtiment ; je dus renoncer à ma tentative d'évasion. Entre-temps, ma femme avait pu téléphoner à M. X et lui raconter toute l'histoire. Ma partie quotidienne de cache-cache durait depuis cinq jours. Au matin du sixième, je fus appelé au bureau par haut-parleur. Je n'avais pas d'autres solutions que d'y aller. En entrant, la première personne que je vis fut M. X avec un document à la main. Il déclara qu'on avait besoin de moi à la Police judiciaire pour être entendu en tant que témoin d'un grabuge quelconque.

Évidemment, comme les autres fois, c'était du bidon, l'affaire était imaginaire et la convocation fictive. Je sortis avec M. X pour ne plus y revenir. Il me raccompagna jusqu'au ghetto, devant ma maison. Imaginez la joie de ma femme et de mes filles, qui ne comptaient plus me revoir. M'étant reposé quelques jours des émotions qui m'avaient passablement ébranlé, je recommençai mes sorties du ghetto à la recherche de nourriture pour les miens et pour renouer contact avec mes amis.

J'avais toujours besoin de leur aide et je dois avouer que j'ai toujours eu pas mal de chance dans mes relations avec les autres. Mais je dois reconnaître également que j'avais de plus en plus peur de tomber aux mains des Boches. Un jour, j'allai à notre épicerie, rue Obozna, que j'avais remis en gérance à une de mes relations d'avant-guerre. J'avais l'intention d'acheter quelques boîtes de conserve pour ma famille. Comme Noël approchait, il me demanda si je n'avais pas une combine pour lui procurer de la vodka, sachant que j'avais pas mal de tuyaux.

Dans la maison donnant sur les rues Przebieg et Muranowska, où nous occupions le premier étage, au rez-de-chaussée, dans un logement composé d'une cuisine et d'une seule pièce, habitaient trois ou quatre familles, heureusement toutes sans enfants. La fenêtre donnait sur le côté aryen juste à côté de la fameuse fenêtre de mon beau-frère. Toutes ces fenêtres avaient été grillagées au moment de la création du ghetto.

Un jour, une bande de SS passant dans la rue, en plein jour, s'approcha de la fenêtre et regarda par la grille. Quand ils virent qu'il y avait là beaucoup de Juifs, ils s'amusèrent à tirer des coups de pistolet à travers la grille. Une personne fut tuée et les autres se sauvèrent sur le palier. Il y avait parmi eux un certain M. Szwarcberg avec sa femme. Avant la guerre, il habitait Pomiechowek, une localité de la banlieue de Varsovie, où il était tailleur comme moi. Ils furent amenés au ghetto par les Nazis. Ils venaient souvent chez nous. Actuellement, il vit à Paris avec son fils et sa fille. Après chacune de mes sorties du ghetto, M. Szwarcberg venait me voir pour avoir des nouvelles de l'extérieur, car nous étions coupés du monde entier. L'écoute et la possession même des appareils de TSF étaient interdites sous peine de mort. Souvent, il me disait qu'il enviait mon courage. Il m'avouait très franchement qu'il en manquait, surtout à cause de son type sémite plus accusé que le mien. Un jour, comprenant qu'il s'agissait surtout de se vaincre soi-même, il me demanda de le faire sortir une fois ; « Après, dit-il, je serai capable de sortir seul. » Je ne voulais pas lui refuser. Seul, je sortais souvent en plein jour. Pour la première fois, étant accompagné, je préférai sortir à la tombée de la nuit pour bénéficier de l'obscurité et passer plus facilement inaperçus. Comme une telle sortie nocturne comportait la nécessité d'un hébergement pour la nuit chez quelqu'un en dehors du ghetto à cause du couvre-feu, je lui demandai s'il avait un endroit où aller dormir, car il était hors de question qu'il passe la nuit là où je devais la passer. Il était beaucoup plus dangereux d'être deux que d'être tout seul. Moi, j'avais l'habitude de me rendre dans mon ancien immeuble, rue Zajecza à Powisle où tout le monde me connaissait. J'y allais tard dans la nuit, où je risquais moins de rencontrer un importun. Je dormais au cinquième étage chez Mme Wanda que nous connaissions très bien avant guerre. M. Szwarcberg prétendait avoir des amis chez qui il pouvait aller. Mais une fois hors du ghetto, il m'avoua qu'il ne connaissait personne à Varsovie et insista pour m'accompagner. Je fus dans l'obligation de refuser malgré tous les regrets que j'avais ; les risques étaient vraiment trop grands et je savais qu'on ne nous accepterait jamais à deux. Il me dit qu'il se débrouillerait seul puis nous nous quittâmes. Nous nous revîmes deux jours plus tard dans le ghetto ; il avait réussi à rentrer seul, mais si mes souvenirs sont exacts, il n'est plus jamais sorti. Nous nous retrouvâmes peu après la libération en 1945.

Il était au courant que je connaissais des gens travaillant au Monopole (Règle d'État des alcools) et que je restais toujours en contact avec des employés qui habitaient dans les bâtiments du Monopole. Un certain Janowski, chauffeur de poids lourds du Monopole, me revendait de temps en temps de la vodka. J'allai donc lui acheter quatre litres d'alcool à 95°, de quoi faire huit litres de vodka à la maison avec les moyens du bord. C'étaient des bouteilles non oblitérées par le cachet du Monopole, autant dire fauchées aux Allemands. L'entrée du Monopole était strictement interdite aux personnes qui n'y travaillaient pas et très surveillée par les Boches. Je leur présentai une carte d'identité établie au nom d'un Ignace Stankiewicz, domicilié à Radom, précisant la personne à qui je voulais rendre visite. Ils notèrent scrupuleusement le nom et l'heure de ma visite. Quand je ressortis, j'étais attendu par le jeune fils du concierge de la rue Obozna qui m'aida à transporter mes emplettes. Il portait une valise avec de la vodka, du lard et de la viande, mais nous ne marchions jamais ensemble, comme si nous ne nous connaissions pas. Dans le tram, nous montâmes dans deux wagons différents. Je devais me rendre rue Kredytowa, dans le restaurant où je prenais parfois mes repas lors de mes sorties du ghetto, et où j'achetais des saucisses et d'autres denrées.

Par précaution, au long d'une vie pareille, on acquiert peu à peu l'âme d'un conspirateur. Les Polonais eux-mêmes avaient pris cette habitude de longue date, du temps de l'occupation russe, puisque tout le monde conspirait. Je ne voulais pas que le fils du concierge sache où je me rendais. J'avais prévu d'entrer avec lui dans la porte cochère d'un immeuble, de lui reprendre la valise et lui payer sa course. Nous entrâmes dans une cour à trois maisons du restaurant ; j'avais l'intention de m'y rendre par la suite. Manque de chance, elle était pleine d'Allemands en uniforme avec quelques agents de la Gestapo en civil. J'ignore ce qu'ils faisaient là, mais c'était fréquent au moment des arrestations des patriotes de la Résistance, des « terroristes » comme disaient les Allemands, ou bien lors des perquisitions inopinées. Instantanément, je fus encadré par deux gradés de la Gestapo avant même de réaliser la situation et de m'éclipser. Ils me demandèrent ce que je transportais dans la valise. Je m'étais imposé depuis longtemps la règle de faire semblant, en toutes circonstances, de ne pas parler ni même comprendre l'allemand, et par conséquent je ne répondis pas.

Ils se mirent à gueuler de toutes leurs forces. J'ouvris la valise et montrai le lard et la vodka. Les Boches nous donnèrent, à moi et au gamin, une escorte de deux SS armés pour nous conduire à la Kommandantur. En route, j'expliquai au gamin, à voix basse, que s'ils le frappaient et qu'il disait qui j'étais et d'où je tenais mes marchandises, il serait sûrement fusillé avec moi comme complice. Je lui fis la leçon, afin qu'il n'oublie pas de dire que mon nom était Stankiewicz, que j'étais de

Radom et que je venais de temps en temps faire des achats à Varsovie, qu'il m'aidait contre rémunération à porter des colis car j'étais physiquement faible. La route était assez longue. Je tentai de discuter avec nos gardiens pour qu'ils nous relâchent contre de l'argent. Cela aurait pu marcher, mais ils n'acceptèrent pas, disant que nous leur avions été confiés par les gestapistes qui voulaient nous interroger à la Kommandantur et qu'ils étaient impuissants dans ce cas-là. La Gestapo n'oublie rien et fait trembler le monde. Ils étaient donc obligés de nous livrer à l'endroit convenu. C'était à Krakowskie Przedmiescie, au coin de l'église Sainte-Croix. Avant la guerre, c'était le siège de la police polonaise. Celle-ci fonctionnait toujours pour les questions d'ordre public, ainsi que la Police judiciaire, mais elle était contrôlée par les Boches. On nous conduisit dans un bureau où trônait un fonctionnaire de la Gestapo. Les deux gardes firent le récit de notre arrestation. Le gestapiste dressa un procès-verbal circonstancié. Comme je continuais à faire celui qui ne comprenait pas l'allemand, il sonna et fit venir un interprète, un jeune lieutenant de la police polonaise. Par son truchement, il me demanda d'où je tenais mes marchandises. Je lui expliquai que Noël approchant et étant tailleur, j'étais venu à Varsovie faire des achats de fournitures et, à l'occasion, de quelques victuailles. J'ai demandé qu'on relâche mon jeune compagnon, prétextant qu'il n'avait rien de commun avec moi, et qu'il m'avait seulement aidé à porter la valise. Le jeune lieutenant traduisait directement. On relâcha le gamin, mais on me garda. Cela m'arrangeait quand même et me soulagea beaucoup. J'avais toujours peur que, battu, le garçon ne tînt pas le coup et vendît la mèche. Après sa libération, j'ai attendu quelques heures avant que les Allemands qui nous avaient arrêtés ne rentrent. Ils commencèrent par lire le procès-verbal, puis voyant que les bouteilles ne portaient pas le cachet du Monopole, les débouchèrent pour vérifier si ce n'était pas du « Bimber », c'est-à-dire de l'alcool distillé clandestinement, chose courante en Pologne. Comme ils n'arrivaient pas à se mettre d'accord entre eux, les opinions étant partagées, ils en versèrent un peu dans un cendrier et l'allumèrent pour voir comment il brûlait.

Ils virent ainsi que c'était de l'alcool à 95°. Quant au lard, ils se moquèrent de moi, sachant qu'à Radom il était meilleur marché, contrairement à ce que je prétendais – très justement, on en faisait venir à Varsovie. J'essayais quand même de les convaincre que j'avais raison, racontant qu'à l'occasion des fêtes, tous les stocks avaient été envoyés de Radom à Varsovie. Étant ici pour m'approvisionner en fournitures de tailleur (doublures, boutons, fil, galons, rubans), j'en profitais pour acheter du lard. Je leur proposai, s'ils ne me croyaient pas, d'aller avec moi au bazar de la rue Zabkowska, où je l'avais acheté légalement. Je me rappelai que la vendeuse qui m'avait servi faisait l'addition sur la planche de l'étalage. Après de longs palabres entre eux, celui qui avait dressé le procès-verbal me déclara que j'avais le choix entre le paiement d'une amende ou le départ pour un camp de travail. Bien entendu, j'optai pour l'amende, d'autant plus que la somme n'était pas exorbitante. Je me retrouvai dans la rue le plus vite possible et libre. Une fois de plus, j'avais eu chaud et je l'avais échappé belle. J'avais été détenu de 10 heures du matin à 4 heures de l'après-midi. Le gérant de mon épicerie avait déjà été mis au courant par le gamin. J'avais une faim de loup. Je lui demandai un quart de vodka et quelque chose pour casser la croûte. Il était pâle comme la mort et très mécontent. Il était un peu surpris de me voir libre, mais il avait quand même peur. Pourtant, en sortant de la Gestapo, qui était à quelques pas de mon ancien magasin, j'avais fait un détour par plusieurs rues afin de déjouer une éventuelle filature. J'avais les nerfs à vif. Après m'être reposé un peu, je rentrai au ghetto, les mains vides. J'acquis la conviction que maintenant, étant connu de la Gestapo, mes sorties clandestines présentaient un trop grand risque. Aussi, lorsqu'un jour les combinards du ghetto me proposèrent l'achat d'un laissez-passer officiel délivré par les Allemands, je n'hésitai pas. Je savais bien entendu que c'était un document bidon mais dans le ghetto, on faisait un commerce de tout, comme d'ailleurs dans toute la Pologne sous l'occupation ; on fabriquait toutes sortes de fausses cartes. On imprimait même sur place, à l'intérieur du ghetto, des fausses cartes d'identité, des *Ausweis* (permis de circuler) allemands parfaitement imités, des passeports, des permis de conduire et surtout des cartes de rationnement. Nous avions observé que dans l'immense majorité des cas, des faux papiers bien imités suffisaient comme coupe-file avec les Allemands.

Le laissez-passer en question me donnait le droit de me rendre par train dans d'autres villes de Pologne pour y effectuer des achats de peaux de bêtes, de lièvres, de lapins, et autres déchets. Je pouvais même être accompagné de deux personnes pour m'aider. On en fabriquait des pelisses, des tapis ou des couvertures. Je devais en principe visiter des paysans à la campagne où l'on pouvait s'en procurer. À vrai dire, je n'ai pas vu beaucoup de peaux de lièvres, même pas un seul lièvre du tout. J'en profitai pour faire du trafic. Une nouvelle période de ma vie dans le ghetto commença. Ma première expédition fut pour Lukow. Ayant appris que j'allais m'y rendre et y ayant de la famille, une femme avec un enfant me demanda de l'y emmener. Le laissez-passer était établi à mon vrai nom, Apelkir. Je pouvais me déplacer légalement avec le brassard du ghetto au bras. À Lukow, j'achetai de la farine, du beurre, des œufs et d'autres produits.

Cela m'a réussi plusieurs fois. Ayant constaté que c'était une assez bonne affaire et qu'il n'y avait pas trop de risques, ma femme acheta elle aussi un laissez-passer et partit accompagnée de deux hommes. Un soir, nous devions prendre le train à la gare principale. J'ignore si c'était à cause d'une rafle ou toute autre circonstance, mais il y avait plein d'Allemands qui vérifiaient les papiers de tous les Juifs reconnaissables à leur brassard. Ils ne se cassèrent pas longtemps la tête et nous emmenèrent au commissariat en face de la gare.

Là, nous fûmes interrogés par d'autres Allemands. Ils nous gardèrent 24 heures dans une cellule aux murs nus où nous étions assis par terre. Après, ils nous envoyèrent à la prison juive du ghetto, rue Gesia. Nous attendîmes quatre semaines avant de passer au tribunal. Pendant ce temps-là, les enfants étaient à la maison avec leur grand-mère et ma belle-sœur. Le jugement eut lieu dans le bâtiment de la Police judiciaire, rue Daniowiczowska, où j'avais pas mal d'amis. Le juge était un Polonais. J'ai pu alerter M. X qui travaillait toujours à la Police judiciaire. À l'audience, le Président déclara que nos laissez-passer étaient faux et me demanda où et à qui je les avais achetés. Je prétendis que j'avais fait une demande officielle à la municipalité juive qui l'avait transmise aux Allemands, et que c'était un officier allemand qui me les avait envoyés par la poste. Bien entendu, je savais que c'étaient des documents falsifiés. Le président donna lecture de la sentence. Nous avions le choix entre une bastonnade de 25 coups ou deux semaines de prison en plus de la préventive. Ma femme, ne voulant pas de la bastonnade, opta pour la détention – je fis le choix contraire. Cela devait me permettre de sortir tout de suite et de reprendre une activité. Les bastonnades avaient lieu dans une cellule de la rue Daniowiczowska. Le Polonais qui exerçait les fonctions d'interprète (et que j'appellerai M. Z car il vit encore et tout comme M. X préfère garder l'anonymat), arrangea le coup avec le bourreau : je n'avais qu'à pousser régulièrement des cris, pendant que celui-ci me regardait. Je rentrai à la maison et j'y trouvai mes filles, ma belle-mère et mon beau-frère. Les réserves de vivres étaient épuisées. Je repris donc mes sorties clandestines du ghetto à la recherche de victuailles. Il faut que je cite ici quelques détails anecdotiques qui illustrent bien la perfidie des nazis. Un jour, ils montèrent un canular : des SS vinrent dans le ghetto et obligèrent M. Schultz, propriétaire d'un grand restaurant rue Karmelicka, à préparer un véritable festin. Il y avait des hors-d'œuvre somptueux, des anguilles, du saumon fumé, du *Gefilte Fisch* (carpe farcie en gelée), du jambon à la ciboulette, du *Pikelfleisch* avec de la sauce au raifort, de la dinde rôtie et j'en passe.

Sur les tables, il y avait de la vodka par bouteilles entières et du champagne. Puis ils firent une rafle inattendue dans les rues du ghetto, choisissant surtout les vieillards typés, en lévites, aux longues barbes blanches et papillotes. Ils les amenèrent au restaurant Schultz, les obligeant de faire ripaille avec des filles débraillées à moitié nues, les seins à l'air et assises sur leurs genoux. Les filles avaient été mobilisées à cet effet et on leur avait fait la leçon. Elles embrassaient et pelotaient les vieillards pour figurer une orgie. Et tout cela fut filmé dès le début du festin par des opérateurs boches. Ce film fut par la suite utilisé à des fins de propagande antisémite dans le monde entier par Goebbels et ses services. Une autre fois, les nazis tournèrent un autre film dans les douches municipales du ghetto. Ils obligèrent des vieillards et des jeunes filles juives âgées de 16 à 17 ans, nus, à prendre un bain ensemble. Un jour, je fus pris dans une de ces rafles, mais croyant qu'on nous embarquait pour la déportation, je réussis à m'évader en sautant d'un camion en marche. Ce n'est que par la suite que j'ai su ce qui advint des autres. Tout cela devait servir à démontrer que les Juifs du ghetto faisaient bonne chère, s'égayant en ripailles et en orgies. En fait, la vie dans le ghetto devenait de plus en plus intenable. Ceux qui mouraient de faim étaient de plus en plus nombreux. Le nombre des cadavres dans les rues ne cessait d'augmenter. Les services municipaux les évacuaient le matin avec des charrettes attelées de chevaux. Cela soulevait le cœur de voir ces cadavres squelettiques au ventre ballonné, enflés par la faim. Je me souviens d'un mendiant. assis toute la journée à la même place et qui tendait la main, ne pouvant plus marcher tant il était faible. Il ne bougea plus de sa place et un matin il était un cadavre comme les autres.

*

Les images et les flashes que je garde de ces moments de mon enfance sont, il me semble, toujours les mêmes : les morts dans les rues, les mourants, les mendiants, et surtout les enfants du ghetto. Les plus audacieux n'hésitaient pas à passer les entrées gardées par les Allemands, les Polonais et les milices juives. Les enfants sortaient par bande de dix ou vingt, de quatre à douze ans, pour aller quémander un morceau de pain et revenir. Souvent les Allemands leur tiraient dessus mais parfois aussi, ils ne faisaient rien, ils regardaient, ça les distrayait tous ces enfants qui crevaient de faim.

Je suis retournée à Varsovie en 1993 avec ma sœur Nathalie. Notre cœur battait la chamade à l'idée de revoir la ville de notre enfance. Un chauffeur de taxi nous a aidées à retrouver les lieux où nous avions vécu avant la guerre, l'immeuble où mon père et ma mère travaillaient. Il ne reste plus rien du ghetto. En chemin, le chauffeur nous raconte qu'il se souvient lui aussi du ghetto. Comme beaucoup d'autres habitants de Varsovie, sa mère l'emmenait devant les portes voir les hordes d'enfants affamés qui risquaient leur vie pour un morceau de pain. Fier de lui, ce chauffeur, qui avait le même âge qu'eux, avait un jour jeté un quignon de pain à un gosse du ghetto qui l'avait avalé d'un seul coup. Encore aujourd'hui il n'en revenait pas ! Oui, les Polonais ont beaucoup souffert pendant la guerre mais, au moins, ils ont eu quelques distractions…

Des familles entières, pères, mères, avec parfois plusieurs jeunes enfants, demandaient dans les rues un peu à manger : ils étaient dans un état de dénuement total, au bord de la mort, car ils faisaient partie de ces gens pas très dégourdis, timides, qui comptèrent parmi les premières victimes. Un garçon de neuf ou dix ans, qui chaque jour venait avec un tout petit bébé dans ses bras. Ma mère lui donnait un peu de soupe chaude et il faisait boire ce bébé à la cuillère, elle lui donnait ce qu'elle pouvait, nous étions un peu mieux lotis. Mon cœur pleure lorsque je me remémore ce souvenir, car bien sûr ces deux enfants n'ont pas survécu, comme tant de milliers d'autres.

5

S'enfuir du ghetto

Je commençai à chercher une possibilité de quitter le ghetto avec toute la famille. Il était préférable de se cacher parmi les Polonais en risquant la mort en cas de découverte par les Allemands plutôt que de subir cette atroce agonie lente par la faim. J'avais en plus de grandes difficultés. Je n'arrivais pas à nous loger. À cette époque, la surface du ghetto fut réduite[1]. La maison que j'habitais jusque-là s'est trouvée en dehors de la nouvelle enceinte. J'ai dû la quitter comme d'ailleurs tous ceux qui habitaient le quartier de Muranow. Finalement, j'ai réussi à sous-louer une chambre, rue Panska, au coin de la rue Wielka. C'était ce qu'on appelait le petit ghetto. Nous avons dû abandonner la plupart de nos affaires rue Przebieg. Nous n'emportâmes que des matelas. La rue était séparée tout au long par un mur au milieu. D'un côté c'était le ghetto, de l'autre c'était la partie

1. Début octobre 1941.

aryenne. Sortir du ghetto à cette époque était une entreprise risquée, compliquée et difficile. Il fallait escalader le mur de ciment qui était très haut et dont le faîte était garni de tessons de bouteilles. Chaque fois, je revenais les vêtements déchirés et des entailles sanglantes aux mains, aux jambes et aux fesses. C'était surtout le retour qui était très difficile. Je n'avais personne avec moi pour me hisser sur le mur. Aussi, souvent, j'étais obligé de passer la nuit de l'autre côté car je n'arrivais pas à passer le mur tout seul. À chaque fois, ma femme et mes filles tremblaient de peur, car toute sortie était punie de la peine de mort. En cette fin de 1941, dans ce secteur, le ghetto était gardé par les SS et des Ukrainiens qui tiraient souvent sans avertissement. Je me suis mis donc à chercher un autre moyen pour sortir du ghetto. Dans la rue Leszno se trouvait le bâtiment du tribunal correctionnel, qui était à cheval sur la ligne de démarcation. Il y avait des portes d'entrée dans le ghetto et d'autres du côté aryen. J'avais réussi plusieurs fois à entrer par le ghetto et à ressortir de l'autre côté, puis à rentrer par le même chemin. Cela se passait sans encombre, car les entrées n'étaient pas gardées. Dans les couloirs du tribunal déambulait toute une foule de gens, comme dans tous les tribunaux du monde entier. Il était facile de se mêler au public sans attirer l'attention et d'enlever subrepticement le brassard.

Nous avons dû quitter ce logement dont les fenêtres donnaient dans la rue, car un jour où je m'approchais de la fenêtre pour voir ce qui s'y passait, un SS me tira dessus sans avertissement. Par miracle, j'échappai à la balle. Nous nous installâmes chez une de mes quatre sœurs, au 18 de la rue Lesna. Nous y habitions en juillet 1942 lorsque les Nazis commencèrent les déportations massives du ghetto pour les camps d'extermination. Au début, ils donnèrent l'ordre atroce à la municipalité juive de leur livrer un contingent déterminé de Juifs par jour ou par semaine (le chiffre m'échappe[1]), et c'est aux autorités juives qu'incombait le douloureux devoir de désigner ceux qui devaient partir et aux policiers juifs d'aller les chercher à leur domicile. Plus tard, les nazis se chargèrent eux-mêmes sans vergogne de ce sale boulot. Le président du ghetto, M. Czerniakow[2], s'était tiré une balle dans la tête dans son bureau quelques jours auparavant. À ce moment, je tentai de quitter le ghetto avec les groupes de ceux qui allaient travailler du côté aryen. Mais les sentinelles en faction devant la sortie au coin de la rue Zelazna à Leszno étaient si vigilantes que cela s'avéra impossible. Je m'étais joint à un groupe allant vers la sortie. Je marchais à l'arrière. Mais à la sortie, on nous comptait et comme il s'en trouva un de trop et que j'étais le dernier, un Boche me saisit par le bras. En plus, je n'avais pas attaché à ma boutonnière le

1. La cadence était de 6 000 par jour. Le *Judenrat* devait fournir aux Allemands la liste des Juifs « candidats » à la déportation.

2. Adam Czerniakow se suicidera le 23 juillet 1942, à la veille des premières déportations et de la liquidation du ghetto.

carton avec le numéro que les Allemands distribuaient à ceux qui étaient inscrits. Il commença à me frapper à coups de crosse de fusil, me cassa deux dents et m'ouvrit les lèvres jusqu'au sang. Il ne voulait pas me lâcher. Je me jetai donc par terre. Un autre groupe de travailleurs sortant du ghetto survint à ce moment précis et je réussis à me sauver à quatre pattes entre leurs jambes. Je rentrai à la maison. La chance, cette fois-ci, n'était pas de mon côté. J'étais tout en sang. Durant cet incident avec les sentinelles à la sortie, des SS et des Ukrainiens entourèrent tout le quartier de Leszno. Ils vidaient brutalement les maisons de tous leurs habitants, hommes, femmes, vieillards, enfants puis les emmenaient dans des camions. Ma maison était sur leur liste.

Ma sœur, les enfants et la plus proche famille échappèrent à la déportation en se cachant dans un cagibi aménagé derrière sa chambre. C'était un réduit étroit, sans fenêtre ni aération, qui servait de débarras. Ils en camouflèrent l'entrée avec une armoire, une de ces grandes armoires en pied avec les portes à deux vantaux. Ils passèrent par l'armoire pour pénétrer dans la cachette. Quand les Boches entrèrent dans l'appartement, ils ne trouvèrent personne. Ma fille aînée, Renia, perdit connaissance. Il y avait exactement trente personnes dans ce réduit, sauf ma femme, qui n'eut pas le temps d'y entrer, car ce fut elle qui poussa l'armoire pour cacher l'entrée. Lorsque l'un des Ukrainiens entra dans la pièce, retirant du doigt son alliance en or, elle la lui offrit en échange de sa liberté. Il se laissa fléchir et partit en la laissant tranquille. C'est à ce moment que je rentrai, tout endolori par le passage à tabac. Les Boches et les Ukrainiens n'étaient plus là, ils vidaient d'autres maisons. Vous pouvez imaginer l'état dans lequel nous nous trouvions, ma femme et moi. Nous n'osions pas nous parler et avons dégagé l'armoire dans un silence qui était bien plus éloquent que bien des discours. Il y a des situations dans la vie où aucune parole n'est capable de décrire ce qui se passe en nous. Nous retrouvâmes tous les nôtres, bien vivants mais à moitié morts de frayeur. Outre ma fille Renia, plusieurs personnes adultes s'étaient évanouies. Les rafles continuaient. Les rues étaient encombrées de camions où s'entassaient les futures victimes de Majdanek ou Treblinka. Je me demande encore comment j'ai réussi à passer au travers et à rentrer à la maison sain et sauf. Ma femme me raconta après comment tout cela s'était passé. J'avais été absent de 5 heures du matin à 3 heures de l'après-midi. Dans la nuit, je cherchai un autre moyen pour sortir du ghetto ; je ne trouvai rien. Le lendemain matin, je montai par les combles sur le toit de la maison voisine, au n° 9 de la rue Przejazd, qui se trouvait déjà en dehors du ghetto. Couché à plat ventre sur le toit, je risquai un coup d'œil dans la cour voisine pour voir ce qui s'y passait. Malheureusement, les Allemands aussi s'étaient rendus compte qu'on pouvait passer par là et surveillaient les immeubles en question. La cour était pleine d'Allemands en armes. Impossible de passer une fois de plus. J'allai rôder autour des sentinelles qui gardaient la sortie, pour tenter une deuxième fois de sortir avec ceux qui se rendaient aux travaux. Mais à la manière dont ils étaient contrôlés, je me rendis compte qu'il n'y avait aucune chance de resquiller. Je m'adressai donc au chef d'un des groupes des sortants. Il me dit que personnellement il n'avait rien contre le fait que je resquille parmi eux, mais que c'était à mes risques et périls. Il ne pouvait rien prendre sur lui, ni assumer aucune responsabilité. Finalement, un jour où les sortants étaient très nombreux, faisant régner une certaine confusion à la porte, j'en profitai pour me faufiler audehors.

J'allai chez des amis habitant rue Zelazna et leur demandai de m'aider à faire évader du ghetto ma femme, mes filles et mes quatre sœurs avec leurs enfants et ma mère.

Mais personne ne voulait prendre ce risque. Je m'adressai alors à M. Szczepankowski, une vieille relation d'avant-guerre. Il me proposa de rencontrer des personnes connaissant des passages par des égouts municipaux. Mais il m'avertit que cela allait être relativement difficile à réaliser et coûteux. Ces « passeurs » d'un genre particulier faisaient payer très cher leurs services. Bien entendu, j'acceptai. Lorsqu'il s'agit de sauver la vie, rien ne peut paraître trop cher. Il fallait payer la moitié d'avance. Je donnai un coup de fil à mon épouse pour qu'elle se tienne prête et se rende près de la rue Swietojarska. Ils refusèrent de risquer le passage de mes quatre sœurs et de ma mère, disant qu'il y avait trop de monde. Finalement, ils acceptèrent d'effectuer ce passage en plusieurs fois. Trois Polonais vinrent me chercher. Mais le niveau des eaux étant très élevé, cela s'avérait trop dangereux pour les enfants et finalement ma femme renonça à l'idée de risquer leur vie. Les trois Polonais m'annoncèrent alors qu'ils reviendraient me chercher une autre fois quand les eaux seraient plus basses. Au bout de quelques jours, ne voyant personne venir, je téléphonai à ma femme, lui disant de venir avec Renia, notre fille aînée, à la porte du ghetto, moi l'attendant de l'autre côté. Selon les circonstances, elles tenteraient de passer. Elles le firent.

Ma femme arrangea le coup avec le policier juif en faction à la sortie du ghetto. Il parlementa avec les sentinelles allemandes en leur graissant la patte avec l'argent que ma femme lui avait remis à cet effet. Renia, sous prétexte d'aller chercher du pain, fut autorisée à sortir du ghetto. Elle devait revenir dans l'après-midi. Bien entendu, une fois dehors, ils ne la revirent plus. Je l'attendais et l'emmenai au 11 de la rue Obozna, dont je connaissais le concierge. C'était un immeuble de neuf étages qui avait été bombardé en 1939. La bombe avait éventré le toit et les deux derniers étages, qui avaient brûlé. Il n'y avait plus que les poutres et les traverses de plafond. Il n'y avait plus de parquets mais plein de sable et de gravats. Lorsqu'il pleuvait, l'eau coulait au septième étage, mais le reste était habitable et partiellement occupé. Nous y allâmes le soir pour ne pas être remarqués. Le concierge nous logea au sixième étage. Je lui demandai s'il pouvait placer ma fille quelque part en dehors de Varsovie à la campagne. Il me promit de la mettre dans sa famille. Je lui laissai de l'argent pour l'entretien de ma fille. Maintenant j'étais tranquille, car elle serait moins exposée qu'à Varsovie.

*

On me reçut dans cette famille comme si j'avais la lèpre ; on me désigna l'endroit où je devais me tenir et également dormir : dans la cuisine, sous la fenêtre. Personne ne m'a jamais adressé la parole ; j'étais une petite fille pestiférée, différente des autres, dans ce milieu hostile où on m'apportait à manger sur du papier. Heureusement, mon père est venu me rechercher assez vite. Il a ensuite demandé à ce même concierge de la rue Obozna s'il pouvait me placer dans sa famille, loin de Varsovie.

*

Deux ou trois jours plus tard, ma femme quitta le ghetto avec notre petite de deux ans dans les bras par la même porte et par le même moyen. Je n'en avais pas été avisé et je ne les attendais pas à la sortie. Dehors, autour du ghetto, il y avait des Polonais combinards qui voyant des Juifs sortir « illégalement » leur réclamaient une rançon, menaçant de les dénoncer aux Allemands. Ma femme fut donc contrainte de leur donner une somme assez importante pour l'époque ; mais à peine se débarrassait-elle d'une bande qu'il en surgissait d'autres, venues d'on ne sait où, avec le même chantage qui se répétait. Finalement, elle réussit à me rejoindre dans la maison de la rue Obozna, mais il était impensable de rester longtemps sans toit ni chauffage, surtout avec un enfant en bas âge.

Le lendemain, je me rendis chez des gens à qui j'avais confié mes meubles au moment où nous quittions notre appartement de Powisle pour rentrer dans le ghetto. C'était des relations d'avant-guerre. Ils n'habitaient pas loin de là, rue Sewerynow. Je leur demandai d'héberger ma femme et Nathalie, notre fille cadette, quelques jours. Ils refusèrent par manque de place. Ils habitaient un local exigu dans une construction « moderne » genre HLM. Mais l'homme me conduisit chez le concierge de l'immeuble, me présentant comme un vieil ami, et lui demanda s'il ne pouvait pas nous dépanner. Cela tombait bien, car il était seul à ce moment-là, sa femme en vacances. Il accepta de nous loger pendant deux mois, jusqu'au retour de son épouse. Cela nous arrangeait bien. J'allai donc chercher ma femme et l'aidai à déménager avec notre fille. Pendant qu'elles s'installaient, je sortis et allai au café voisin pour téléphoner à M. Komorowski, chez qui j'avais beaucoup d'affaires d'une grande valeur. Je lui demandai un rendez-vous de quelques instants pour récupérer mes affaires, disant que j'allai partir le jour même. Il eut une conduite inqualifiable. Il me prit de haut, criant au téléphone qu'il ne voulait pas me voir chez lui. Si j'osais monter quand même, je n'en sortirais plus car il irait chercher les Allemands. Puis il raccrocha sec. Ce faisant, il m'enlevait tout espoir pour l'avenir car c'était mes derniers biens. Je me hasardai donc à lui téléphoner une autre fois. Cette fois-ci, ce fut sa femme qui me répondit. Elle me déclara à peu près la même chose que son mari, d'un ton hautain. Elle insista et m'avertit de ne pas avoir « le culot » de me montrer chez eux. Puis elle prétendit qu'il ne restait plus aucune affaire m'appartenant. J'étais mal récompensé de la confiance que je leur avais accordée. Ils étaient très riches et nous les connaissions depuis longtemps. Avant la guerre, nos relations étaient cordiales, voire amicales. J'avais une totale confiance en eux et je n'avais pas hésité à leur confier nos biens les plus précieux. Ils en abusèrent honteusement. Je ne savais vraiment pas quoi faire, ni quelle attitude adopter. J'hésitai : y aller ou ne pas y aller ? Finalement, je renonçai. Perplexe, je réfléchis longuement, que faire ? Je donnai un coup de fil à M. X à son bureau à la Police judiciaire, aux heures de travail. D'une manière détournée, par des sous-entendus et allusions diverses, je lui fis comprendre que je me trouvais avec mon épouse et Nathalie en dehors du ghetto. Je le fis de façon à ce que personne ne puisse nous comprendre. Je lui expliquais que je me trouvai dans une impasse et demandai à le voir. Nous prîmes rendez-vous à 15 heures au coin des rues Swietokrzyska et Czackiego. Je rentrai chez le concierge de la rue Sewerynow pour y retrouver ma femme et Nathalie. Je la mis rapidement au courant et lui glissai à l'oreille mon rendez-vous de l'après-midi avec M. X. Elle sortit chez le coiffeur – elle en avait bien besoin… Je restai à la maison avec notre fille cadette. Quelques minutes plus tard, deux inspecteurs de police en civil se présentèrent à la loge du concierge. J'eus vite fait de comprendre que c'était M. Komorowski qui m'avait dénoncé. Ils me demandèrent ce que je faisais là et se mirent à me fouiller. Comme ils ne trouvaient rien de compromettant, ils me demandèrent où était ma femme. Je leur dis toute la vérité, que nous n'avions plus rien et de quelle façon ma femme avait été rançonnée à la sortie du ghetto. Je leur avouai qu'elle était à ce moment chez le coiffeur. Ils me donnèrent l'ordre de quitter immédiatement l'immeuble et de laisser le concierge tranquille. Je les suppliai de bien vouloir nous laisser au moins attendre jusqu'à la tombée de la nuit afin de pouvoir profiter de l'obscurité. Ils acceptèrent, tout en me prévenant qu'ils reviendraient le soir vérifier si j'étais parti ou non. Dans le cas contraire, ils seraient dans l'obligation de m'arrêter et de me livrer aux Allemands. Les gardiens de la paix polonais d'avant-guerre continuaient d'assurer leur fonction de police préventive sous l'occupation allemande. Lorsque mon épouse rentra du coiffeur, je lui expliquai la situation. Nous devions quitter cette maison le soir même. Je lui dis de m'attendre, le temps que je prenne rendez-vous avec M. X.

En fait, je ne devais plus revenir, mais pouvais-je me douter à ce moment-là de la tournure des événements ? Comme convenu, je trouvai M. X à l'heure et l'endroit prévus. Il me dit que je pouvais partir le jour même pour Cracovie chez son frère et que nous y serions davantage en sécurité, car personne ne nous connaissait là-bas. Nous parlions dans la rue lorsqu'un fiacre apparut. Il s'arrêta à notre hauteur. M. Komorowski en jaillit. Il se jeta sur moi, me saisit à bras-le-corps en jurant grossièrement, que, cette fois-ci, je ne m'en sortirais pas vivant. M. X ignorait à qui on avait affaire et de quoi il s'agissait. Il pâlit et eut peur autant que moi. Il crut probablement que c'était un des traîtres polonais, haut placé parmi les Boches et collaborant avec la Gestapo. Je déclarai à Komorowski que je ne lui réclamais plus rien et lui demandai de me laisser partir. Il ne voulut rien entendre. Je tentai de me dégager de force, mais en vain, il était grand et vigoureux et ne me lâchait pas. Les badauds nous entouraient. Le fiacre était tout à côté, à deux mètres de nous. Il m'y entraîna de force et parvint à m'y faire entrer. J'espérais pouvoir m'évader plus facilement du fiacre, mais il me tenait fermement. Passant par la rue Swietokzyska, j'aperçus au n° 19 son concierge sur le seuil de sa porte cochère. Il me connaissait et m'avait plusieurs fois hébergé chez lui, pour la nuit, lors de mes sorties du ghetto. Il me vit lui aussi et fut manifestement surpris de me voir en si fâcheuse posture. J'ai vu dans ses yeux de la sympathie et de la commisération. Komorowski me conduisit au commissariat situé dans la rue Szpitalna, là où la plupart des gardiens de la paix me connaissaient – j'y étais enregistré avant la guerre. Komorowski déclara à l'officier de police, un Polonais, que j'étais juif et indiqua mon vrai nom, Apelkir. Puis il révéla que je me faisais passer pour un nommé Ignacy Stankiewicz. L'officier de police me demanda si c'était vrai, je confirmai. Il me fit conduire au violon en attendant de statuer sur mon sort. Il y avait là un poêle en fonte et j'en profitais pour brûler sur-le-champ tous mes documents falsifiés afin d'échapper au chef d'accusation supplémentaire de faux et usage de faux. L'officier de police dressa le procès-verbal et le remit au policier allemand. Ce dernier me fit venir dans son bureau et me demanda pour quelle raison je me trouvais du côté aryen. Sans attendre ma réponse, il mit en marche un gramophone et augmenta le volume pour couvrir mes cris pendant la trempe que j'allais recevoir. Il disait ne pas vouloir se salir les mains en me touchant, aussi me donnait-il des coups de pied, surtout dans les chevilles, qui furent bientôt enflées. Je tombai par terre et c'est là qu'il s'acharna particulièrement, tout en jurant en allemand, sur le bas-ventre et sur les testicules. Le lendemain devait avoir lieu l'exécution, aussitôt après la lecture de la sentence de mort. À vrai dire, sur le moment, j'aurais préféré la mort immédiate plutôt que les souffrances que j'endurais. Il sonna un agent pour me reconduire dans une cellule, et lui dit de « débarrasser le bureau de cette sale vermine juive ». D'après le règlement en vigueur, on ne pouvait pas détenir un condamné dans un commissariat plus de 24 heures. Le lendemain, deux agents envoyés par la Police judiciaire, vinrent me réclamer. Comme je l'ai su plus tard, M. X avait suivi de loin le fiacre, ce qui lui permit de savoir où j'étais. On me transféra dans les locaux de la Police judiciaire, rue Danirowiczowska où je devais rester durant six semaines. Dans la cellule, je retrouvai six autres Juifs, et entre autres M. Finkel. C'était une vieille relation d'avant-guerre ; il faisait du commerce de fournitures pour les tailleurs. Il était détenu depuis 1940. Deux autres incarcérés étaient originaires de Lodz et deux autres de Varsovie. Je crois qu'aucun d'eux n'a survécu, car, après la guerre, je fis des recherches en essayant de m'informer sur leur sort, mais je ne trouvai pas la moindre trace d'eux. Il n'y avait dans la cellule ni paillasses ni couvertures, mais uniquement une espèce de couchette commune en ciment, toute nue. J'étais tellement défiguré par le passage à tabac que M. Finkel ne me reconnut point. Lorsque je commençai à revenir à moi, physiquement, et surtout moralement, j'entrai en conversation avec mes codétenus. Je leur racontai comment je m'étais retrouvé en prison. La vie quotidienne dans la cellule me paraissait insupportable. Il est impossible de décrire l'horreur des événements auxquels j'allais être mêlé, et mesurer dans toute son étendue l'infernale bestialité de la terreur nazie. Le matin, on nous distribuait un quart de « café » fait de grains de blé torréfiés, très délayé, et un morceau de pain bis, noir et mal cuit, presque cru. On eût dit de la terre glaise. Le lendemain de mon arrivée, je fus convoqué au bureau, soi-disant pour un interrogatoire, où M. X, toujours lui, me donna un copieux sandwich que je mangeai sur place. J'y restai une heure, puis on me reconduisit dans ma cellule. J'étais « convoqué » ainsi presque quotidiennement, et à chaque fois un sandwich m'attendait. Je n'osais pas poser de questions sur le sort qui m'était réservé. D'ailleurs, personne ne savait ce qui allait advenir de moi, et personne n'aurait pu répondre à ma question. Mais on me laissait entrevoir une lueur d'espoir

Entre-temps, ma femme, ignorant l'incident avec Komorowski, téléphona à M. X pour avoir de mes nouvelles. Celui-ci lui raconta tout. Ma femme partit par la suite rejoindre sa sœur et son beau-père à Biala Podlaska, où ils s'étaient réfugiés après leur fuite du ghetto. Ils s'étaient déjà sauvés du ghetto. Ma femme logea un temps chez eux avec Nathalie, puis trouva une place chez des paysans aux alentours en se faisant passer pour une Polonaise. J'en parlerai en détail plus loin.

Quand M. X me fit venir dans son bureau, je lui demandai des nouvelles de ma femme. Il me mit au courant de son départ avec Nathalie pour Biala Podlaska, mais il en ignorait les détails. À chacun de mes retours dans la cellule, je voyais les yeux de mes malheureux compagnons de captivité tournés vers moi et dans lesquels se lisait toujours la même question. Ils mendiaient les nouvelles, ils espéraient apprendre quelque chose de nouveau sur leur sort, sur notre sort à tous.

C'était déchirant. Seul celui qui, au moins une fois dans sa vie, s'est trouvé dans une situation analogue, peut comprendre l'angoisse des êtres enfermés entre les quatre murs d'une cellule, sans nouvelles, coupés de l'extérieur, vivant, végétant plutôt, dans l'affreuse incertitude du lendemain. Dans un tel univers inhumain, le plus petit événement prend des proportions gigantesques. Malheureusement, je n'en savais pas plus qu'eux et j'étais incapable de leur apporter un soulagement par une parole qui aurait permis d'entrevoir la moindre lueur d'espoir.

Souvent, dans la cellule, nous discutions de la situation des Juifs en Pologne en émettant des suppositions sur l'avenir. Je racontais ce que j'avais vu et ce que j'avais vécu moi-même. M. Finkel avait la conviction que les Américains, ainsi que les Britanniques, ne permettraient jamais une extermination massive des Juifs. Il était persuadé qu'une aide, une solution favorable nous viendrait de ce côté-là à un moment ou à un autre. Je n'étais pas d'accord avec lui, car j'avais vu de mes propres yeux ce qui se passait et de quoi étaient capables les Allemands.

Dans la prison, cela empirait chaque jour. Tout le monde s'anémiait et s'affaiblissait. On nous avait laissé nos vêtements civils. J'avais cousu dans la doublure d'une des poches de mon pantalon une coupure de 20 dollars US. J'essayai de lier connaissance avec notre gardien, histoire de tâter le terrain. Puis l'ayant suffisamment approché, je lui donnai les 20 dollars en lui demandant de nous procurer en douce et chaque jour un supplément de nourriture quelconque. Il nous apportait dans une poche de sa culotte de cheval, enveloppée dans du papier parchemin, de la purée de pommes de terre aux lardons. C'était une belle portion pour une seule personne, mais nous la partagions entre sept. Parfois elle était tiède, d'autres fois froide. En temps normal, elle aurait été immangeable, mais vu les circonstances, nous l'avalions en vitesse et elle nous paraissait délicieuse. Aujourd'hui, je ne me souviens plus combien de fois il nous en apporta, mais durant un bon moment elle constitua un apport très appréciable, si on tient compte que notre plat de résistance quotidien à midi était une louche d'eau de cuisson où on avait fait bouillir de la choucroute. De la choucroute, il n'y en avait plus un brin, elle était repêchée pour servir de légumes aux gardiens ou autres fonctionnaires boches. Au bout de six semaines de détention, je fus convoqué dès le matin par M. X, qui m'annonça que j'allais être reconduit par la police polonaise au ghetto, et remis à la police juive à la porte de Nalewki. Il ne pouvait rien faire d'autre pour moi. Mais c'était beaucoup, plus que je ne l'espérais moi-même. Je le remerciais chaleureusement, dans la mesure où les paroles pouvaient exprimer toute la reconnaissance que j'avais pour lui et qui lui était due. En me congédiant, il m'exprima ses vœux que l'avenir m'épargne de semblables situations. Deux agents polonais me raccompagnèrent pour la forme et me remirent aux policiers juifs à la porte du ghetto. Ces derniers me conduisirent à la prison de la rue Gesia.

En pénétrant dans le ghetto, je vis un spectacle terrifiant qui me choqua véritablement : pas un seul homme dans les rues à l'exception de quelques agents de police juive. Tout au long du chemin depuis la porte de la rue Nalewki jusqu'à la rue Gesia, je ne vis littéralement personne. Même la prison paraissait déserte. Il y avait, en tout et pour tout, quatre agents de police juifs, une jeune fille et deux garçons prisonniers. Et puis moi. C'était en septembre 1942.

Je suis resté en prison deux jours seulement. Puis, on me conduisit à l'*Umschlag Platz* près de la rue Stawki, d'où partaient les transports pour Majdanek, Treblinka et les autres camps d'extermination. Nous étions escortés par des policiers du ghetto et attendus dans la rue par un groupe de malheureux composé de quelques dizaines de personnes. Ils avaient été dénichés par les SS dans les maisons où ils se cachaient pour éviter la déportation. Ces SS, accompagnés de nombreux Ukrainiens, les rouaient impitoyablement de coups. Une femme avec un enfant dans les bras se débattait car elle ne voulait pas sortir. Elle fut tuée sur-le-champ devant moi. Tout ce groupe fut pourchassé au pas de course vers l'*Umschlag* par les SS vociférants. En passant dans les rues, j'ai vu de nombreux cadavres joncher le sol. À côté de celui d'un jeune homme, je remarquai sa musette. Elle était bourrée de je ne sais quoi qui lui avait échappé des mains au moment où il tombait sous les balles allemandes. Comme il était interdit de s'éloigner ou même de se baisser, je ne voulais pas risquer une balle dans la peau pour un geste inconsidéré. Je demandai donc à un des policiers juifs, que je connaissais de longue date, de la ramasser. Il me la passa. Il y avait deux miches de pain blanc, du sucre et du gruau. On me conduisit au point de rassemblement, sur une grande place, rue Stawki, toute clôturée. C'était une grande bâtisse, un ancien hôpital où des milliers de gens étaient couchés à même le sol, même dans les escaliers. Ils étaient tous affamés. La plupart étaient atteints de dysenterie. Je n'en croyais pas mes yeux. Ces gens étaient installés là depuis huit jours, tombant d'inanition, tellement affaiblis qu'ils faisaient leurs besoins sous eux. Me voyant ma musette en bandoulière, ils m'entourèrent. Une femme, un enfant dans les bras, me proposa son alliance en or massif pour un bout de pain. Je sortis une miche de pain. Sans avoir le temps de réaliser le geste, je ne l'avais plus, on me l'arracha littéralement des mains. Elle fut distribuée entre plusieurs personnes. Un d'eux se présenta, affirmant qu'il était grossiste en fruits exotiques et qu'il fournissait le magasin de ma femme. Il prétendait qu'il la connaissait très bien. Voyant que je n'avais sur moi qu'un veston, il me proposa son manteau contre un morceau de pain. C'est alors que je réalisai ce qu'est la faim, ce que représente un morceau de pain pour celui qui n'a rien mangé depuis une semaine. C'est le sort qui m'attendait, si j'y restais plus longtemps. Je refusai le manteau, et partageai la deuxième miche entre ceux qui m'entouraient. Tel fut mon accueil dans le sinistre *Umschlag*.

Le lendemain, je fis le tour de la place, montai les escaliers encombrés de morts vivants, entrai dans toutes les chambres, regardant de près les yeux de tout le monde pour voir s'il n'y avait pas là quelque parent à moi ou simplement une connaissance. L'odeur fétide me donna une migraine carabinée ; la nausée me prenait à la gorge ; plus d'une fois, j'eus envie de vomir. Spectacle poignant, inénarrable. Il faut l'avoir vu pour y croire. Aujourd'hui, trente ans après, je n'y crois presque pas moi-même. Je ne trouvai personne de connu. Je traînai toute la nuit. Je restai dehors car je ne pus trouver place dans aucune chambre. Les gens se serraient les uns contre les autres à cause du froid. C'est alors que je repensai à la cellule de prison de la Police judiciaire qui était devenue entre-temps un paradis.

Le fait de ne pas savoir où étaient ma femme et Nathalie me tourmentait. Je savais Renia casée à la campagne.

Le lendemain, je tombai sur une vieille connaissance, un policier juif qui avait habité la même maison que ma mère et mes quatre sœurs. Je lui demandai des nouvelles de ma famille. Elle se composait de dix-huit personnes. Il me dit qu'en septembre, quelques jours avant les fêtes du Nouvel An juif, il les avait vus dans un groupe en marche pour la déportation. Comme ils avaient une boulangerie et cuisaient le pain du contingent, ils devaient soi-disant être exemptés de déportation. Il n'en fut rien, et on en perdit la trace.

À ce propos, les Nazis imaginèrent un piège diabolique : ils annoncèrent officiellement que ceux qui se présenteraient spontanément et volontairement pour être transportés en dehors du ghetto recevraient deux kilos de pain et de la confiture[1]. Ce fut un guet-apens infâme, car tous les naïfs qui se présentèrent de bonne foi furent entourés et embarqués de force sur des camions puis déportés.

*

Ma tante avait décidé de mourir de faim plutôt que de manger des aliments non cachers. Cette tante et son mari étaient mes adorés. Ils n'avaient pas d'enfants et j'étais tout pour eux. Je passais tous les shabbat chez eux, c'étaient des moments inoubliables. Je n'oublierai jamais non plus le jour où mon oncle est venu me dire au revoir : je jouais dans la cour avec un ballon, il est venu me serrer, et il pleurait doucement. Je n'avais pas compris, il avait décidé d'aller se présenter aux Allemands pour aller « travailler » dans un camp. Au début, les Allemands avaient

1. « Les Juifs affamés, désespérés, apathiques, au point que des milliers se portaient volontaires pour la déportation, pour une tranche de pain. Il y eut un jour où ils furent renvoyés ; ils n'y avaient pas assez de wagons pour "charger la marchandise" ; plus tard la prime de pain pour les volontaires fut élevée à trois kilos, pour en attirer davantage. ». E. Ringelblum, *Chronique du ghetto de Varsovie*, *op. cit.*, p. 339.

trouvé un moyen pour que les personnes se présentent d'elles-mêmes : le « travail » en promesse de pain et de confiture pour chacun. Tous les membres de la famille de mon père et de ma mère furent déportés et exterminés dans les chambres à gaz.

*

Je recommençai mes tournées à travers les chambres dans l'espoir de reconnaître quand même quelqu'un. Mais la plupart de ces misérables qui vivaient depuis huit jours dans cet enfer étaient méconnaissables, hirsutes, pas rasés, avec des yeux hagards. Cet effarant entassement était dû, paraît-il, au manque de wagons à bestiaux pour les transporter dans les camps. Épuisé physiquement, très abattu moralement, je cherchai une place pour m'allonger. En entrant dans le bâtiment, je remarquai l'entrée des caves. J'essayai de l'ouvrir, mais la porte était fermée à clé. Avec l'aide d'un compagnon d'infortune, je réussis à l'enfoncer. Nous comptions nous y reposer à l'aise, à l'abri du froid. Mon seul désir était de trouver une place où je pourrais me coucher, et dormir, dormir, dormir. Dans une des caves, nous découvrîmes les anciennes réserves de vivres de l'hôpital. Il y avait en tas, des betteraves, des oignons, des carottes. J'éprouvai l'impression d'avoir découvert un trésor. Nous refermâmes la porte, et nous nous régalâmes de carottes crues et d'oignons. Par le soupirail, nous appelâmes quelques camarades pour qu'ils nous dissimulent aux SS, puis nous commençâmes à leur passer les stocks par le soupirail. Tout y passa. Nous avons visité toutes les caves au peigne fin. Une heure plus tard, on fit du feu et on cuisit les betteraves dans les crachoirs métalliques trouvés à l'hôpital. Comme il me restait du gruau dans ma musette, j'en ai mis à cuire dans une boîte de conserve vide avec des betteraves. Tous ceux qui se tenaient debout sur la grande place avaient leurs poches bourrées de provisions. Le lendemain, les Allemands avaient découvert l'existence d'un probable ravitaillement. Un gradé SS annonça que celui qui serait trouvé en possession de marchandises volées serait immédiatement abattu. Tout le monde se mit à vider les poches, les musettes et les sacs. Le sol se couvrit d'oignons, de betteraves, de carottes ; on marchait dessus. Je me tenais toujours à proximité de la barrière qui nous séparait des Allemands, guettant une occasion pour fuir. Mais la clôture était bien gardée par des SS, des Ukrainiens et des Lituaniens. À un moment, un Ukrainien me fit signe du doigt de m'approcher et me demanda en russe si cela m'intéressait de m'enfuir. Quelle question ! bien sûr que oui ! Il me dit de passer par-dessus la barrière, ce que je fis, pendant que des milliers de regards me suivaient dans un silence oppressant. Une fois de l'autre côté, la première chose qu'il fit, c'est me demander si je possédais de l'argent ou des objets de valeur, de l'or ou des bijoux. Je n'en avais plus. Il m'ôta ma casquette, la retourna dans tous les sens, déchirant la doublure pour voir s'il n'y avait pas des billets de banque cousus dessous. Ne trouvant rien, il me fouilla méthodiquement, vidant mes poches, tâtant toutes les coutures, y compris les pantalons tout au long des jambes. Puis il me fit retirer mes chaussures. Ne trouvant toujours rien, il me donna l'ordre de retourner auprès de mes camarades, me chassa à coups de crosse de son fusil en m'invectivant tant qu'il pouvait. Aujourd'hui, à la réflexion, je suis persuadé qu'il m'aurait tout volé et soit tué sur place, soit renvoyé rejoindre mes camarades comme il l'a fait.

Le lendemain, un gradé de la Gestapo en uniforme annonça : « Groupez-vous vers la sortie, on va vous distribuer du pain. » La sortie était encadrée par la Gestapo, la police juive et des Ukrainiens. Il y avait le commandant juif Smerling qui distribuait du pain. Trois mois plus tard, il fut abattu à bout portant dans un petit restaurant du ghetto par les membres juifs de la Résistance. Il y a encore aujourd'hui à Paris quelques survivants qui l'ont connu. Ensuite, on nous conduisit sur la place où nous attendaient des wagons à bestiaux. Les gestapistes nous suivaient attentivement des yeux. Ils procédaient à une sélection selon l'état physique des victimes. Tous ceux qui titubaient, qui ne pouvaient pas marcher, surtout les vieillards et ceux qui étaient faibles physiquement, furent extraits des rangs et tués sur place devant nous, à coups de fusil. Parfois, un officier en achevait un avec une balle.

6

Survivre dans une Pologne occupée

Les survivants, si l'on peut s'exprimer ainsi, furent entassés de force dans les wagons. Les Boches nous poussaient dans le dos avec la crosse de leur fusil pour nous faire monter plus vite. Il m'est impossible d'évaluer combien nous étions dans un wagon. Nous étions debout, tellement serrés les uns contre les autres qu'il était absolument impossible de s'asseoir ou de s'agenouiller. Pas question de se coucher. De l'intérieur du wagon, j'entendais distinctement des coups de feu au dehors, des fusils et des pistolets : la lugubre sélection continuait. Cela dura de 10 heures du matin jusqu'à 16 heures. Le train s'ébranla, roula environ une heure, puis s'arrêta. Certains s'évanouissaient par manque d'air, et surtout à cause de l'odeur d'excréments, car de nombreux malades atteints de dysenterie ne pouvaient pas se retenir. J'avais réussi à me placer à côté de la lucarne, j'avais au moins de l'air respirable bien que la fenêtre fût haute. Durant l'arrêt, les SS et les Ukrainiens qui nous gardaient, installés sur les toits, descendirent et se postèrent devant les wagons. Un Ukrainien me demanda en russe si je voulais de l'eau. Quand je lui répondis oui, il me réclama de l'argent. Je fis une collecte parmi mes compagnons les plus proches, puis lui montrai par la lucarne quelques billets dans ma main. Il remplit une bouteille avec l'eau boueuse et fétide d'une mare stagnante le long de la voie ferrée, l'agita sous mes yeux et me dit de lui passer d'abord l'argent. Lorsqu'il l'eut entre les mains, en riant il vida la bouteille par terre en criant : « Crève ! » L'arrêt du train se prolongeait. Plus personne ne tenait debout, plusieurs avaient perdu connaissance. On s'organisa pour pouvoir s'allonger, en se couchant presque les uns sur les autres. Je commençai à inciter ceux qui m'entouraient à fuir. Je préconisais l'évasion par la lucarne, quand le train repartirait. Ils trouvèrent que je déraillais et se moquèrent de moi ouvertement, en rigolant ; certains me prenaient carrément pour un fou, car effectivement, avec mon crâne rasé de près, je n'avais pas l'air très malin. Plus j'insistais et plus ils se fâchaient contre moi. Certains m'invectivaient, d'autres me traitaient de fainéant qui ne cherchait qu'à se planquer pour échapper au travail, il y en avait qui me traitaient d'ignoble et d'infâme. Dans leurs conversations, ils s'indignaient que les vieillards et les malades aient été liquidés sur place, parce qu'inaptes au travail. Je leur exprimai mon opinion en affirmant que ce n'était pas au travail qu'on nous conduisait mais plutôt dans des lieux d'exécutions massives.

Je ne savais pas comment m'y prendre pour fuir, mais je me rendais compte de la fin qui nous attendait. Un de mes compagnons s'était tellement énervé qu'il me frappa. Il me rappela que les Boches nous avaient comptés, et qu'à l'arrivée ils s'apercevraient qu'il en manquait un, cela entraînerait Dieu sait quelles sanctions contre les autres. Personne ne voulait risquer sa vie à cause de moi. Le train repartit à 23 heures. Je me tenais à nouveau sous la petite fenêtre. Je pus voir que le convoi passa une petite gare, sans s'arrêter. M'accrochant à la traverse destinée à attacher les chevaux, qui courait tout au long de la paroi, assez haut, je me hissai à la hauteur de la lucarne. Face à la fenêtre, je passai les jambes dehors et me tournai de manière à me retrouver à plat ventre sur le rebord. Me retenant à l'encadrement d'une seule main, me poussant sur mes jambes, je me projetai en arrière. Je retombai sur le talus et roulai en arrière. Je restai couché dans le fossé longeant la voie ferrée jusqu'au moment où le train eut disparu à l'horizon. Je me relevai et me mis à marcher vers la petite gare que j'avais aperçue avant. Tout à coup, j'entendis quelqu'un marcher le long des rails dans ma direction. Je me jetai à terre et observai en tendant l'oreille. Quelle ne fut pas ma stupéfaction lorsque je m'entendis appelé par mon nom. C'était un jeune garçon échappé du convoi, précisément un de ceux que j'incitais à fuir. Il avait réussi à s'évader de la même manière que moi. M'ayant vu me sauver par la fenêtre, il avait décidé d'en faire autant. Il avait environ seize ans et s'appelait Fogiel.

C'était le fils d'une famille que j'avais bien connue ; son père avait avant la guerre un bureau de transports, rue Franciszkanska. Nous continuâmes le chemin ensemble jusqu'à Lukow. C'était une petite bourgade où le jeune Fogiel avait de la famille. Il y alla seul, car moi j'avais une autre planque en vue. En effet, je me retrouvais sur un terrain qui m'était familier depuis l'époque où, nanti du fameux laissez-passer, je sortais officiellement du ghetto avec un char à cheval et deux aides pour faire légalement des achats. C'est là que, lors de mon premier voyage, j'avais conduit une femme avec son enfant dans sa famille. Et c'était là que maintenant j'avais décidé d'aller. Je frappai à la fenêtre du parent en question. Il était 1 heure du matin. Pas de réponse, rien ne bougeait. Je recommençai en tambourinant avec insistance et finalement une voix chuchota à travers la porte fermée : « Qui est là, que voulez-vous ? » J'expliquai qui j'étais et comment je me trouvais là. On me laissa entrer. Évidemment, toute la famille m'interrogea et me posa des questions. Je leur fis le récit des événements, racontai mon évasion. Ils hochèrent la tête, s'exclamèrent face aux détails. On me proposa de coucher dans un lit. C'était la première fois depuis longtemps. Épuisé, je dormis comme une souche. Au petit matin, ils allèrent avertir le conseil de la communauté juive locale. À 6 heures du matin, le président, le vice-président et quelques anciens vinrent me voir et me posèrent des tas de questions ; tout le monde était avide de nouvelles. Je leur fis un récit circonstancié, surtout sur le ghetto. On en discuta ensuite pendant des heures. Je me reposai pendant des jours, j'en avais bien besoin. J'envoyai mes hôtes à la pharmacie m'acheter des bandes Velpeau. Puis avec deux planchettes et le bandage, je me confectionnai un « plâtrage » de l'avant-bras gauche et le portai en écharpe. Le président du conseil juif me rendit une deuxième visite. Il m'apporta un billet pour Varsovie et une certaine somme d'argent. Il n'y avait que le train de nuit partant tard dans la soirée. À cette période, dans toute la Pologne, les trains ne roulaient que la nuit et sans lumières, à cause des bombardements et du couvre-feu. On me prévint qu'à la gare de Lukow sévissait un SS brun surnommé « Totenkopf », référence à la tête de mort sur la casquette. C'était paraît-il un physionomiste redoutable qui observait attentivement les voyageurs à l'entrée. Il faisait parfois plusieurs victimes par jour parmi les Juifs. Il les emmenait devant la cabine de W-C à l'extérieur de la gare et les tuait d'un coup de pistolet. Néanmoins, je réussis à passer sans problème – il n'y avait pas de contrôle SS ce jour-là. À tout hasard, je me tins à l'écart et sautai dans le train au moment où il démarra. Le voyage se passa sans incident et il n'y eut pas de contrôle intempestif. J'arrivai à Varsovie tôt dans la matinée. Je me rendis rue Obozna voir le concierge du n° 11. Il me logea au sixième étage. Je lui demandai des nouvelles de Renia, ma fille aînée. Il me raconta qu'elle était à la campagne chez son père fermier, mais qu'il ne serait plus possible de la garder davantage, car elle s'était fait repérer par les voisins de son père qui commençaient à lui poser des questions embarrassantes à son sujet. Cela risquait de poser un problème si on s'apercevait qu'elle était juive, si cela n'était pas déjà le cas.

*

Les Polonais me regardaient avec curiosité et commençaient à me poser de nombreuses questions auxquelles je ne répondais pas. Mes parents m'avaient appris à dire que je ne savais rien. Je ne sais pas très bien où je me trouvais, près ou loin de Varsovie. Ces gens étaient très pauvres. Je me souviens qu'il n'y avait que du pain noir à manger, mais ils partageaient avec moi le peu qu'ils avaient pour eux-mêmes. Ma famille me manquait, je ne savais pas quand je les reverrais, je ne savais même pas ce qu'ils étaient devenus. C'est bien après que j'ai appris que mon père avait été arrêté de nouveau par la Gestapo. J'ai pleuré de bonheur lorsque j'ai vu mon père malgré sa tête rasée après son séjour en prison.

*

Comme de mon côté je désirais la revoir, je lui demandai de me la ramener. Je passai un coup de fil à M. X pour lui demander un rendez-vous. Il me le fixa à Grochow, en banlieue, à 10 km de Varsovie. On pouvait y aller en train. Je fis bien attention de ne pas être suivi. Je n'y allais pas par le chemin direct ; je pris plusieurs correspondances et, sur la dernière ligne, je descendis plusieurs fois en cours de route et attrapai une autre rame.

M. X avait une surprise pour moi. Il sortit de sa poche une grosse montre un peu ancienne avec chaîne et breloques. C'était une Patek Philippe en or massif que je lui avais confiée et que j'avais complètement oubliée. Je lui demandai des nouvelles de ma femme et de Nathalie. Il me précisa qu'elles étaient à Biala Podlaska. Je constatais qu'il n'avait plus sa belle assurance d'autrefois, il vivait lui aussi dans l'angoisse. Je le remerciai pour tout et lui annonçai ma décision d'aller rejoindre ma femme à Biala Podlaska, vu que le ghetto n'y était pas fermé, ni clôturé, contrairement à celui de Varsovie. Nous sommes rentrés à Varsovie séparément. Le lendemain, le concierge me ramena Renia. Nous nous sommes retrouvés avec la plus grande joie.

Le soir même, nous prenions le train pour Biala Podlaska. Nous sommes arrivés juste au moment où les Nazis procédaient à une déportation massive des Juifs. Nous les vîmes par la fenêtre du train avant d'arriver à la gare. Ils étaient entassés sur l'herbe dans un grand champ près de la forêt. Dans ce groupe gardé par les Boches, je reconnus la sœur de ma femme avec son mari. Elle était dans le sixième ou le septième mois de grossesse. Je me fis reconnaître par signes et leur fis comprendre de marcher vers la forêt. Ils n'étaient pas très surveillés et purent me rejoindre dans le premier taillis à la lisière du bois. Nous nous fîmes de brefs récits de nos aventures respectives. Je leur conseillai vivement de profiter de l'inattention des Boches et de fuir, mais ils décidèrent de rester à cause de l'état de ma belle-sœur. Je leur demandai des nouvelles de ma femme. Ils me donnèrent l'adresse d'une Polonaise chez qui je pourrais cacher Renia. Cette Polonaise savait où se trouvait mon épouse Bella. Le cœur serré, je partis avec Renia, les laissant là à leur sort tragique. Je ne devais plus jamais les revoir. Je me rendis dans un petit village des alentours ; à l'adresse indiquée, je trouvai la paysanne polonaise en question. Elle était effectivement au courant du lieu où ma femme vivait. Bella se faisait passer pour une Polonaise. Mais, me dit-elle, on ne pouvait pas y aller maintenant à cause de la rafle. Il faudrait y aller le lendemain, précisément le soir pour bénéficier de l'obscurité. Elle prit Renia la nuit chez elle et me cacha dans la grange où elle m'enferma à clé. À midi, elle m'apporta une cruche pleine de lait, des œufs et du pain. Trop énervé par toutes mes aventures, je ne pouvais rien avaler car j'avais l'estomac noué. Je bus seulement du lait. Cela me calma un peu. Je mis le reste de côté et je posai le pain et les œufs en hauteur sur le dessus d'une poutre reliant deux chevrons. Une heure plus tard, je m'aperçus qu'il n'en restait plus rien. Des rats, énormes, gros comme des chats, dont je vis quelques spécimens courir çà et là, avaient tout avalé. J'étais tout seul dans l'obscurité quasi totale, même dans la journée ; ces granges servaient de resserres et ne comportaient pas de fenêtres. Je m'installai sur du foin sentant bon et je dormis très bien.

À la tombée de la nuit, la paysanne vint avec Renia, m'ouvrit la porte et me laissa sortir. Je lui demandai de laisser Renia chez elle pendant que nous irions voir ma femme, je reviendrais la chercher plus tard. Mais Renia ne voulut rien entendre ; elle pleura, s'accrocha à moi et sanglota : « Je veux voir maman, je veux voir maman et ma sœur Nathalie. » Plus j'essayais de la calmer, plus elle se déchaînait ; il n'y avait pas de moyen pour la rassurer. Finalement, nous l'emmenâmes avec nous.

*

Mon père veut me laisser chez la paysanne le temps de faire revenir ma mère et ma sœur. Je refuse de rester seule une deuxième fois, j'avais trop peur qu'il ne vienne pas me rechercher.

*

La paysanne nous conduisit dans une grosse ferme à côté d'un autre village. Ma femme y vivait avec Nathalie depuis mon arrestation, c'est-à-dire depuis plusieurs semaines. Se faisant passer pour une Polonaise, elle accomplissait tous les travaux de ferme : elle trayait les vaches, leur donnait du foin, préparait la nourriture des cochons, nettoyait la porcherie à grandes eaux, faisait la cuisine, la lessive et d'autres tâches. Au début, chaque fois qu'elle pénétrait dans la porcherie, elle était prise de vomissements à cause de l'odeur. Nathalie avait attrapé la diarrhée. Ma femme ne bougeait pratiquement pas de la ferme, car on voyait dans les champs voisins traîner de nombreux soldats allemands des troupes stationnées à proximité. On en était déjà au stade de la guerre avec les Russes. Bella fut évidemment très surprise de me voir. Je laisse à votre imagination le soin de se représenter la joie de nos retrouvailles ; peut-on décrire l'intensité de l'émotion que l'on éprouve dans ces instants-là ?

La patronne de ma femme nous fit coucher tous les quatre dans la grange sur la paille. Elle faisait un peu grise mine, car, en arrivant, ma femme lui avait raconté une histoire un peu compliquée... Elle était soi-disant veuve ou fille mère parce que le jeune Polonais qui devait l'épouser avait été mobilisé en septembre 1939 et avait été tué dans les premiers jours de combat. Aussi, la paysanne vit avec surprise le mari vivant de sa servante qui se prétendait veuve. Toujours est-il que le matin, en présence de son mari, elle signifia à ma femme son congé et nous pria de partir sous le prétexte ne plus pouvoir la garder chez elle. Nous sentions cependant que c'était parce qu'ils avaient dû se rendre compte que nous étions des Juifs. Nous avons quitté le village, baluchon sur l'épaule pour nous rendre à Biala Podlaska et y prendre le train. En arrivant sur la place du marché, en contournant l'angle d'une maison, nous sommes tombés droit sur une patrouille, deux agents de la police polonaise et deux *Feldgendarme* allemands. Ils fouillaient les échoppes du marché à la recherche de Juifs cachés. Impossible de reculer ou fuir, ils étaient trop près et

Les grands-parents paternels de Régine rydman, en Pologne dans l'entre-deux-guerres.

Bella et Abram Apelkir, les parents de Régine, dans les rues de Varsovie avant la guerre.

Régine et sa mère Bella dans le magasin Wolcowicz-Stankiewicz, dont elle est la gérante de 1934 à 1941.

M. Podgorski après la guerre avec sa compagne Barbara, qui avait été hébergée chez les Fidler en même temps que Régine et ses parents.

Nathalie, la sœur de Régine, en Pologne après la guerre.

En France après la guerre. Abram Apelkir, au centre, est entouré de son frère Charles et de l'épouse de ce dernier. Régine est assise à gauche, à côté de sa cousine.

Régine alors qu'elle est lycéenne en Pologne après la guerre.

Abram et Bella Apelkir, avec leur fille Nathalie après la guerre.

venaient droit sur nous. Pour nous donner une contenance, je me mis à rire en parlant à ma fille comme si nous plaisantions. Les Boches nous prirent pour de paisibles Polonais allant faire leurs courses. Ils nous croisèrent sans prêter attention. Nous étions si près d'eux que la manche de l'uniforme de l'un frôla la mienne au passage. Je venais de vivre une des plus fortes émotions de ma vie. Sur le moment, je croyais vivre un rêve. Pendant quelques secondes, je ne réalisai plus très bien ce qui se passait, j'avançai comme un automate, je ne voyais plus rien, je n'entendais plus rien. J'avais soudainement de la fièvre ; une bouffée de chaleur me montait à la tête ; j'étais couvert de sueurs froides ; cela dégoulina dans mon dos ; j'avais l'impression que la pointe acérée d'un couteau me découpait la peau sur tout le contour du visage ; la surface de ma figure était picotée par des milliers d'aiguilles glacées comme cela arrivait souvent en Pologne lors des hivers. Mais nous sommes passés ! Je n'y croyais pas moi-même ! Encore aujourd'hui, en le racontant, quand je revois cet instant, j'en suis toujours tout aussi ébahi. C'était vraiment invraisemblable. Nous envisagions la probabilité d'une rafle éventuelle à la gare. Nous décidâmes de ne pas prendre le train. Nous avons quitté la ville à pied par un chemin de campagne.

*

Je ne peux plus marcher. Je pleure pour que mon père me porte, ce qu'il fait. Ma mère, elle, portait déjà ma sœur

Nathalie. Je ne me pardonne pas d'avoir fait ce caprice ce jour-là.

*

Sur la route, nous avons rencontré un char paysan. J'inventai une histoire de mariage à Lukow auquel nous devions nous rendre. On nous fit monter. Il y avait sur ce char deux paysans polonais et un abbé, le curé d'un village. Celui-ci s'était peut-être rendu compte que nous étions juifs, mais il n'en dit mot. Le chariot a progressé d'environ 15 km. Le paysan n'accepta pas de paiement. Nous avons continué à pied, jusqu'à une petite gare où nous avons pris le train pour Lukow. C'était l'un de ces antiques teufs-teufs de campagne, comme on en voyait encore parfois. À Lukow, pour prendre l'express de Varsovie, il fallait changer de train. Nous sommes arrivés à Lukow dans la soirée. De loin, j'observais par la fenêtre si le fameux SS « Totenkopf » était au contrôle à la sortie. Par chance, ce soir-là, il n'était pas là. Nous sommes sortis de la gare sans être inquiétés et nous nous sommes rendus chez les mêmes Juifs que la dernière fois. C'était des personnes de condition modeste ; leur logis se composait d'une cuisine et d'une seule pièce. Ils nous cédèrent un lit pour la nuit où nous nous sommes entassés à quatre. C'était pendant la période des fêtes des Cabanes, Souccot, qui dure huit jours. Nous les passâmes chez eux. J'allai à la municipalité juive et j'y rencontrai deux des anciens habitants de l'immeuble de la rue Przebieg, dans le ghetto de Varsovie. C'étaient deux beaux-frères qui faisaient partie du groupe de trafiquants dont j'ai parlé plus haut qui monopolisaient le marché noir à leur profit. Ils me racontèrent qu'ils avaient été déportés à Treblinka. Ils y avaient passé quelques jours. Ils avaient été utilisés à quelques menues besognes au camp. Cela leur permettait de circuler un peu et d'observer les mouvements des arrivées, les départs pour les chambres à gaz et les transports d'effets récupérés sur les victimes. Ils eurent vite fait de comprendre. Un jour, assistant au chargement d'un wagon où les Boches entassaient les vêtements, ils réussirent à s'y glisser et se dissimulèrent sous un tas. Ils parvinrent ainsi à s'évader. L'un d'eux était précisément le mari de la femme que j'avais transportée à Lukow avec sa fille. Ils furent ravis de me revoir. Ils étaient au courant de mon évasion. Le dernier jour de la fête de Souccot, une certaine animation se manifesta dans la bourgade. Je la quittai précipitamment, et allai observer la gare du dehors. Je vis soudain un très long train composé de wagons à bestiaux, sur une voie de garage.

J'avais compris ! Je rentrai à la maison à toute vitesse. Je proposai de fuir dans la forêt à la nuit tombée. Je prévins tout le monde que si l'on nous embarquait dans ce train-là, personne n'en reviendrait vivant. Mon épouse s'opposa à toute idée d'une nouvelle fuite. Elle était dans un véritable état de dépression. Après toute cette odyssée que nous venions de vivre ces derniers temps, ses nerfs étaient à vif. Elle n'avait plus de volonté.

Pour employer un langage commun, elle craqua. Elle était vidée et complètement découragée. Abattue, elle répétait : « Attendons demain pour voir, peut-être il ne se passera rien. » Les deux beaux-frères voulaient bien me suivre mais me laissèrent le choix de décider. Perplexe, je ne savais pas quoi faire. Nous nous sommes couchés vers 9 heures du soir. À 5 heures du matin, nous fûmes réveillés par le bruit d'une fusillade qui éclatait dans les rues. Les Allemands ébranlaient les portes à coups de crosse et cassaient les vitres des fenêtres. Ils passaient d'une maison à l'autre en vociférant : « *Alle Juden raus !* » Certains tentèrent de se sauver par les fenêtres ou de sortir par l'arrière des maisons. Ils furent abattus sur place et sans avertissement. Imaginez-vous un peu mes sentiments à l'encontre de ma femme. Encore aujourd'hui, je ne me cache pas de dire que je lui en voulais terriblement de nous avoir fourrés dans le pétrin au lieu de m'avoir écouté et fui la veille. J'étais en colère au point d'avoir envie de la frapper ! Mais le moment n'était pas aux scènes conjugales ! Il y avait nos filles à sauver !

Nous nous vêtîmes en hâte, enfilant n'importe quoi, et sortîmes dans la rue. Il faisait encore nuit. Les Boches qui étaient passés devant notre maison continuaient plus loin dans la rue. On les entendait crier et cogner aux portes, en s'éloignant. Les rues étaient bloquées par des sentinelles SS. Je dis à ma femme d'essayer de fuir avec les filles en se faisant passer pour une Polonaise. Elle disposait d'un acte de naissance authentique établi au nom de Lesiakowska. C'était celui de la sœur défunte d'une de nos voisines que j'avais racheté les premiers jours de la guerre alors que nous nous trouvions dans l'abri du Grand Théâtre à Varsovie. J'indiquai à ma femme le village de Parczew, à quelque 30 km de Lukow, où elle devait se rendre si elle arrivait à sortir. Je lui suggérai également de prétendre auprès des Allemands qu'elle était une Polonaise venue à Lukow pour rendre visite à sa sœur. Mais voyant qu'on procédait à une rafle de Juifs, elle voulait sortir de cet endroit. C'est ce qu'elle fit, mais je ne l'ai su que bien plus tard. Je la suivis des yeux, tâchant de voir si cela marchait, mais je ne pus rien distinguer à cause de l'obscurité.

On était à la fin du mois de septembre, il était 5 heures du matin. Vers 6 heures, les rues étaient pleines de Juifs, les bras en l'air, entourés par des SS armés. J'étais du nombre avec les deux beaux-frères. Vers 7 ou 8 heures, on nous mena sur le marché aux chevaux, une grande place en plein air à quelques kilomètres en dehors de la ville où se tenaient périodiquement des foires. Les Boches nous donnèrent l'ordre de nous coucher par terre, à même l'herbe, formés en demi-cercle, avec l'interdiction de s'asseoir ou de s'agenouiller. Des SS mirent en batterie des mitrailleuses lourdes à quelques pas de nous. Ils étaient commandés par un jeune officier de la Gestapo en uniforme âgé de 26 à 27 ans. Il paradait entouré d'un état-major de gradés SS. À un moment donné, il appela en allemand et à haute voix le président du conseil juif. Ce dernier se leva. L'officier de la gestapo lui fit signe de s'approcher. Toujours à haute voix, de manière à ce que nous l'entendions, il lui proposa un marché : « Apportez une rançon, mais il faut qu'elle soit consistante et je vous relâcherai. » Le président choisit huit notables, dont le vice-président, pour la plupart des vieillards respectables, aux longues barbes blanches, pour accomplir cette tâche. On mit à leur disposition un char attelé de chevaux et une escorte de quatre SS pour qu'ils se rendent au village. Durant leur absence, des scènes incroyables se déroulèrent sous mes yeux. Bien sûr, je n'avais plus d'illusions sur les nazis et je savais de quoi ils étaient capables, mais c'est la première fois que je voyais là, devant moi, toute l'étendue de l'horreur inhumaine, bestiale et inimaginable. J'étais le témoin d'atrocités perpétrées avec la morgue toute allemande.

Après le départ des riches notables, le gestapiste annonça : « Si quelqu'un a oublié quelque chose à la maison, il peut aller le chercher. » Une femme se leva et s'avança, confiante. Il sortit son pistolet d'ordonnance, visa posément et l'abattit froidement d'un seul coup de feu. Elle tomba sur les autres. Souriant, le gestapiste demanda : « Y a-t-il quelqu'un d'autre qui a oublié quelque chose ? » Plus personne ne bougea, sauf un gamin d'environ 6 ans, tiré du lit comme les autres avec juste sur lui un maillot de corps qui lui laissait les fesses à nu. Égaré, il cherchait ses parents en pleurant. Les Boches rigolaient en voyant son derrière nu ; le gestapiste dit à l'un des SS : « Je parie que je lui envoie d'ici une balle au cul. » Il visa tranquillement à dix mètres environ et tira. Le garçonnet, atteint, tomba en gigotant. Plusieurs SS se précipitèrent et l'achevèrent de coups à fusil tirés à bout portant. Je renonce à décrire ce que nous éprouvions. Le char des otages revint et on en débarqua deux grands paniers à linge pleins de billets de banque et probablement de bijoux car les Boches en réclamaient toujours. On les déposa devant l'officier de la Gestapo qui, souriant, hocha la tête avec satisfaction. Il brassa de la main le tas de billets et dit : « *Ist gut.* » Puis il fit rentrer la délégation dans le cercle, et le fit coucher comme tout le monde. Ensuite il rappela le président : « *Chef der Judenrat, aufstehen.* » Celui-ci s'exécuta. Le gestapiste le tua de deux coups de pistolet. Quinze à vingt minutes passèrent dans un silence oppressant. Puis il appela le vice-président. Celui-ci était de petite taille avec une barbichette rousse en pointe. Il s'approcha lentement. Le gestapiste lui dit : « Vous êtes libre. » Sous l'emprise d'une colère sourde après tout ce qu'il venait de voir, le vice-président lui sauta au cou et s'agrippa au col de son uniforme. Il secoua le SS dans un réflexe de révolte. Cela dura l'espace de trois secondes, car un autre SS s'approcha par-derrière et saisit le vice-président par les cheveux. Lui tirant sa tête en arrière, il lui assena un coup de feu dans le cou. Je proposai à ceux qui étaient couchés autour de moi de profiter de l'incident et du remue-ménage des SS pour s'enfuir. Personne ne bougea.

Entre-temps, le jour s'était levé. Sur la route passant à proximité, une foule immense de paysans polonais venus des villages voisins s'était amassée. Ils observaient en silence les scènes qui se déroulaient. Je remarquai arrêtée sur la route, une Mercedes-Benz de la Wehrmacht. Après l'incident avec le vice-président, deux officiers supérieurs de l'armée descendirent du véhicule : un général que je reconnaissais aux revers bordeaux et au pantalon bordé de rouge ; l'autre était un homme grand, distingué et aux cheveux blancs ; je ne pouvais distinguer son grade, mais il devait être colonel ou commandant. Ils abordèrent le gestapiste avec un ton de reproche. Je les entendais distinctement. Le général lui dit : « Qu'est-ce que vous fabriquez avec ces gens-là ? Ce sont des hommes encore aptes au travail. » Le gestapiste, encore tout secoué par l'incident avec le vice-président, était très énervé. Il s'énervait progressivement tout en se frappant la poitrine puis il cria aux officiers : « C'est mon affaire, je sais ce que je fais, vous n'avez pas à vous mêler de cela. » Le général se tourna à demi et d'un large geste de la main il montra la foule massée sur la route : « Regardez un peu, dit-il, cela fait des milliers de témoins ! » La dispute continua et le ton monta. Le gestapiste était rouge comme un dindon. Un moment, j'eus l'impression qu'il allait tirer sur le général. Mais celui-ci ne céda pas et accabla le SS de reproches. De la Mercedes, deux autres militaires sortirent et se joignirent aux officiers. L'un des deux était chauffeur, probablement un sergent ou un adjudant. L'autre était un jeune officier avec le grade de lieutenant, probablement l'aide de camp du général ; tous les quatre se disputaient avec véhémence avec les SS. Finalement, le colonel aux cheveux blancs nous lança l'ordre : « *Alle Juden aufstehen* » (tous les Juifs debout). On nous forma en colonnes par rangs de six ou huit et en avant marche vers la gare. Nous étions escortés par les SS, environ 30 à 40 hommes armés. La Mercedes du général suivait. Le gestapiste monta avec sont état-major dans une autre voiture.

Je ne puis m'empêcher de faire part ici des pensées qui me tourmentent d'une manière toujours aussi vive. D'abord, je me suis toujours demandé quel fut le résultat de la discussion entre le gestapiste et ce brave général de la Wehrmacht, bien boche pourtant, mais tout de même moins féroce que le SS. J'avais l'impression qu'il n'allait pas s'en tenir là. A-t-il fait un rapport aux instances supérieures ? Eut-il un résultat ou fut-il simplement enterré au fond d'une corbeille à papier par un fonctionnaire supérieur nazi désireux d'étouffer l'affaire ? Quant à cette canaille d'officier de la Gestapo, je n'arrive pas à me défaire du sentiment que, toujours vivant, il occupe sans doute, quelque part en Allemagne actuelle, un poste élevé, bien peinard, tout comme de nombreux autres SS. J'éprouve toujours une envie voisine d'une sensation physique de retrouver ce salaud sadique et de lui faire son affaire, même si cela devait me coûter la vie. Je crois qu'il y a des témoins survivants, surtout parmi la population polonaise, car parmi les Juifs, hélas, peu s'en sont tirés.

Nous sommes arrivés à la gare en moins d'une heure de marche. On nous mit dans les wagons à bestiaux de la même manière et dans les mêmes conditions que l'autre fois. Mais cette fois-ci, tout le monde n'avait qu'une idée en tête : fuir ! Moi, évidemment, je me plaçai sous la petite fenêtre. Le train démarra vers 18 heures. Comme l'autre fois, des SS, Allemands et Ukrainiens, étaient placés sur les toits. Il faut croire qu'ils avaient été formés à cet effet et savaient déjà par routine comment s'y prendre. Au moment de s'installer sur le toit de notre wagon, l'un d'eux passa le bout de son fusil par la lucarne à l'intérieur et tira à l'aveuglette sans avertissement. Le coup atteint un des nôtres appuyé à la paroi d'en face. Il s'écroula mort. Le train démarra, personne ne dit mot. Sur le marché aux chevaux, j'avais ramassé un bout de corde qui devait servir de licol. Je l'avais mis dans ma poche. Je l'attachai à la traverse qui courait tout au long du wagon plus haut que la lucarne et qui devait servir pour y passer les cordes ou les rênes. Vers minuit, j'enroulai l'autre bout autour d'une main. Je me glissai au-dehors face au wagon, les jambes pendantes dans le vide, me retenant à la corde. Un autre passa de la même façon sur mes épaules. Sous le poids, j'eus la peau de ma paume toute écorchée par la corde, mais je ne lâchai pas, jusqu'à ce qu'il eut sauté. Il n'y eut pas de coup de feu, et nous ne fûmes pas remarqués.

Je restai couché dans le fossé longeant la voie ferrée, en bas du talus, jusqu'à la disparition du train. Je me dissimulai sous un petit pont et y restai couché plusieurs heures. J'entendis quelqu'un marcher et passer sur le pont. L'aube commençait à pointer. Je vis une lumière non loin de là. Je m'approchai. C'était une maisonnette isolée au milieu des champs. Je la contournai et jetai un coup d'œil par la fenêtre ; je ne vis personne. Je frappai, une femme me répondit et me laissa entrer. Elle était seule et je lui faisais visiblement peur. Elle ne me posa pas de questions et je ne lui dis rien, ni qui j'étais, ni d'où je venais ; je lui demandai seulement quelque chose de chaud à boire. Il y avait sur la cuisinière un récipient avec du café. Sans rien dire, elle le réchauffa et m'offrit du pain. Je ne savais pas où j'étais. Elle me renseigna sur l'endroit où je me trouvais, à 15 km de Siedlce. Je mangeai et m'en allai. Je marchai à travers champs pour éviter une rencontre. J'arrivai à Siedlce vers 9 heures du matin. Avant de pénétrer dans la ville, je pris soin de nettoyer mes vêtements qui en avaient vraiment besoin après ma chute du train. J'avais froid. J'entrai chez un coiffeur pour me faire raser. J'attendais mon tour tout en me cachant derrière un journal. J'écoutais la conversation des autres clients, des Polonais. Ils racontaient des scènes de la déportation des Juifs de Siedlce. Cette déportation avait eu lieu deux ou trois jours avant celle de Lukow. Un témoin raconta comment une Juive avec un bébé dans les bras se débattait. Le SS lui arracha l'enfant, le saisit par les jambes et lui fracassa le crâne contre le mur de la maison. Puis il entraîna la malheureuse mère de force, mais comme celle-ci, échevelée, hurlante, résistait désespérément, il la tua d'un coup de revolver. Les Polonais commentaient l'événement. Ils trouvaient cela atroce et racontaient que les traces de sang étaient encore visibles sur la maison en question. Il paraît qu'on les avait laissées exprès pour servir de preuve. Je rencontrai plus tard un Juif de Siedlce, qui me confirma le fait.

Je renonçai à faire un tour de la ville pour observer ce qui s'y passait, de peur d'être pris dans une rafle. Les Allemands en organisaient après les déportations pour « repêcher » ceux qui en auraient échappé. J'allai à la gare et pris un billet pour Parczew où devait se rendre ma femme. Dans le train, une surprise désagréable m'attendait. Après avoir dépassé Lukow, le contrôleur, un Polonais, après avoir poinçonné mon billet, me dévisagea et réclama mes papiers. Je n'en avais évidemment pas. J'adoptai alors la seule attitude à prendre ; je fis le Polonais offensé, je roulai les épaules et répliquai : « Pour quoi faire ? Et de quel droit ? » Il s'énerva, haussa le ton : « Je vous livrerai aux Allemands à la première gare venue. » Je répondis que si les Allemands venaient, je leur montrerai mes papiers, mais pas à lui car il n'y avait pas de raisons de les lui montrer. Il me répondit : « Suivez-moi, sinon je tire l'alarme, et j'arrête le train. » Dans le train, il pouvait toujours y avoir des Allemands, SS ou Gestapo ; dans le cas où le train serait stoppé, je risquais non seulement d'être arrêté, mais aussi d'être abattu sur-le-champ. J'obtempérai donc et le suivis dans sa tournée. Il continuait de poinçonner les billets dans d'autres compartiments. C'était un de ces vieux wagons d'avant la guerre (si ce n'était pas d'avant l'autre !), où les portières des compartiments s'ouvraient directement dehors. Pendant qu'il procédait au contrôle, souriant, je m'appuyai sur la porte et subrepticement, la main dans le dos, j'appuyai sur la poignée. D'un coup, j'ouvris la porte et je me jetai en arrière. Je me sauvai dans la forêt voisine, le train continua sa route. On n'était pas loin de Parczew. Dans la forêt, je tombai sur une bande de trafiquants du marché noir qui faisaient une véritable contrebande de produits alimentaires à la barbe des Allemands. Ils m'avaient vu sauter du train et me demandèrent ce qui se passait. Je racontai que je transportais des marchandises prohibées, mais que les Allemands étaient venus fouiller le compartiment, et que je m'étais sauvé. Je leur conseillai de déguerpir séance tenante, disant que les Boches étaient peut-être à ma poursuite. J'allai à Parczew et me rendis au quartier habité en majorité par des Juifs. Je demandai après ceux venant de Varsovie. Je disposai d'une adresse, où j'avais conduit une femme du ghetto, à l'époque où j'avais le fameux laissez-passer. Vers midi, j'y retrouvai ma femme avec les filles.

À Parczew, je me reposai ; je vis aussi de vieilles connaissances de Varsovie qui vinrent nous voir pour prendre le maximum de nouvelles. Quand je sortis, je constatai que tout le monde avait l'air préoccupé dans les rues du village. Je voulais bien sûr savoir quelle en était la raison. Pour cela, je me dirigeai vers la gare. Je ne portais pas de brassard. Pas loin de la gare, je vis de nombreux wagons à bestiaux. J'avais compris !

Au retour, j'expliquai à ma femme que vu la situation,

nous ne pouvions pas rester au village. Vers 9 heures du soir, nous sommes sortis tous les quatre pour nous diriger vers la petite forêt. Après environ quatre heures de marche, j'aperçus une petite maison à la lisière de la forêt. Cette maison était habitée par deux bonnes femmes à qui nous demandâmes de nous garder, prétextant avoir raté le train. Elles acceptèrent à condition d'être payées. Les femmes nous servirent le café, et commencèrent à nous questionner. Je dis que nous étions de Varsovie, que j'avais été prisonnier et que j'avais réussi à m'évader d'Allemagne. Lorsqu'elles me demandèrent quel était mon métier, je répondis simplement tailleur. C'est là qu'une des deux femmes me dit qu'elle avait un frère qui habitait à environ 25 km de Parczew, qui désirait approfondir le métier de tailleur. « Mon frère sera ravi si vous pouvez y aller et travailler avec lui, et puis là-bas, vous serez tranquilles », me dit-elle. Il n'y avait pas de train pour s'y rendre. Vers 6 heures du matin, nous nous remîmes en marche, avec dans la poche l'adresse du frère accompagnée d'un mot de ses sœurs. Ce n'est que vers 13 heures que nous arrivâmes à l'endroit indiqué, après quelque 25 km à pied avec deux petites filles. Je me présentai comme Stankiewicz, un nom typiquement polonais. Je précisai bien sûr que je venais de la part de ses sœurs, le mot me servant de preuve. C'était l'heure du déjeuner, et le frère ainsi que ses parents nous invitèrent à table. Malheureusement, ni moi ni ma femme n'avions pensé à faire le signe de croix avant le repas, ce geste courant en Pologne, du moins à l'époque, surtout à la campagne. Les parents remarquèrent tout de suite cette abstention. J'avais beau parler de leur sœur, prétendant très bien la connaître, du métier de tailleur qui devait intéresser le fils, de ma captivité en Allemagne, tout cela ne fit pas oublier notre maladresse et n'empêcha pas nos hôtes de chuchoter entre eux. Toujours à cause de ce signe de croix que nous n'avions pas fait, ils devaient se douter de nos origines juives. En conclusion de cette concertation familiale, le père nous annonça qu'il n'y avait pas de travail chez eux et qu'on devait partir.

De nouveau s'ouvrait devant nous la perspective de plusieurs heures de marche avec une petite dans les bras et l'autre, fatiguée, qu'on traînait par la main. Nous étions vraiment à bout lorsque nous aperçûmes une petite cabane à côté du chemin de fer. Renia et moi, précédant mon épouse et Nathalie, demandâmes l'hospitalité à une mère et sa fille qui se trouvaient dans la cabane. Elles acceptèrent de nous garder, car elles disposaient d'une chambre libre. Elles nous préparèrent un lit de paille. Exténué, je m'endormis très vite et dans mon sommeil, je criai en yiddish : « *Oy vey* » Malheureusement, la mère l'entendit. À voix basse, elle s'adressa à nous : « Vous êtes des Juifs, je vous conseille de partir ; mon mari travaille aux chemins de fer ; parfois les Allemands viennent ici. » Vers 8 heures du soir, nous dûmes de nouveau partir. J'étais à bout !

Je dis à ma femme que le mieux était de repartir pour Varsovie, car ici personne ne voudrait de nous. Pour ma part, je n'avais plus la force de traîner à travers la campagne et les forêts. J'avais le cœur serré ; je ne pouvais plus marcher ; je ne pouvais plus parler ; mes nerfs ont craqué et je me suis mis à pleurer ; je hurlais de fatigue, de peur et de désespoir. Mes filles me regardaient ; Renia surtout, car Nathalie était trop petite pour réaliser la gravité de la situation ; elle essayait de me calmer. Elle y parvint partiellement.

Pour aller à Varsovie de l'endroit où nous nous trouvions, il fallait d'abord prendre le train pour Lukow et, là, changer pour Varsovie. Or, je savais très bien qu'à la gare de Lukow il y avait ce fameux « Totenkopf », un remarquable physionomiste SS dont j'ai parlé plus tôt. Tous les Juifs le redoutaient, car il les reconnaissait toujours et les exécutait ensuite derrière les cabinets qui se trouvaient dans la cour de la gare. C'est à lui que je pensais lorsque j'ai demandé à ma femme de passer la première avec Nathalie, me proposant de marcher loin derrière avec Renia, pour que ma fille cadette ne me voie pas et ne m'appelle pas lorsque nous serions à Lukow. Il ne fallait pas qu'on soit ensemble. Renia devait elle aussi jouer un rôle. « Si des gens nous arrêtent, lui dis-je, qu'ils soient polonais ou allemands, si un contrôle quelconque a lieu, n'oublie pas que je n'ai pas de papiers, mets-toi à pleurer, et crie sans cesse "Jésus, Marie, Sainte-Vierge, Jésus-Marie" ! »

Nous arrivâmes donc à Lukow vers 10 heures du soir. Je laissai passer plusieurs personnes. Puis je passai moi, tendant les billets au fonctionnaire polonais à côté de qui se trouvait « le physionomiste » en question. Il regardait tous les voyageurs droit dans les yeux. Il n'était vraiment pas concevable d'hésiter ou de reculer, car il l'aurait tout de suite remarqué. Je fis quelques pas vers la salle d'attente, lorsque j'entendis : « *Halt, halt !* Arrêtez-vous ! » Je ne réagis pas, faisant semblant de ne pas être concerné par cet appel. Mais une main m'attrapa par l'épaule. C'était l'Allemand qui gueulait : « Pourquoi vous ne vous arrêtez pas ? » Moi je faisais celui qui ne comprenait pas l'allemand. Le Boche appela alors l'employé des chemins de fer qui devait nous servir de traducteur. « Il voulait vos papiers, me dit ce dernier, et demande pourquoi vous ne vous êtes pas arrêté. » Renia se mit à sangloter comme prévu et mieux que je ne pouvais l'espérer. Elle appela Jésus et Marie : « Sainte-Vierge, qu'est-ce qu'il nous veut ? ». « Jésus Marie, Jésus Marie », répétait-elle, et elle sanglotait de plus belle !

*

J'avais bien retenu la leçon de mon père mais la peur me tordait tellement le ventre que j'invoquais réellement de tout mon cœur et de toutes mes forces le secours de Jésus, Marie et tous les saints. Je pleurais vraiment car je comprenais très bien que notre vie allait s'arrêter là, que plus jamais je ne reverrais mon père, ma mère et ma petite sœur.

*

« J'ai rendu les billets, répondis-je et je n'ai pas pensé un seul instant qu'il s'agissait de moi. Je n'ai pas de papiers, et c'est justement pour m'en faire établir que je suis venu à Lukow. Le dimanche, j'ai bien bu à la noce du village à côté de Parczew (j'indiquai le nom de celui du jeune tailleur). C'est là qu'on m'a volé mon portefeuille, mes papiers, ma montre. » Je montrai mon poignet vide et la poche de mon veston. Ensuite, je me tournai vers ma fille : « Calme-toi Renia, n'aie pas peur ! » Mais elle, telle une vraie comédienne, continua à pleurer. Plus je la tranquillisais, plus elle sanglotait, toujours en appelant le ciel et tous les saints à notre secours.

C'est avec beaucoup d'insistance et de sang-froid que je regardai le SS droit dans les yeux. Je faisais semblant d'être profondément offensé et je l'engueulais même en polonais. Pendant ce temps-là, une foule immense se forma autour de nous. Le Boche était un peu déconcerté. Il s'adressa au contrôleur polonais et expliqua à ce dernier que je devais payer une amende, d'abord parce que je n'avais pas de papiers et surtout parce que, en plus de cela, je n'étais même pas aimable. Moi, je continuai à paraître profondément mécontent. « Non seulement, on m'a volé mon argent, non seulement j'ai dû en emprunter pour payer mon voyage, mais en plus je devrais payer une amende ! » Je ne me souviens plus du montant, j'ai gratté toutes mes poches et sorti tout ce que j'avais. « Si ce n'est pas assez, dis-je, je peux revenir régler demain. »

Le Boche accepta la somme et me fit une quittance. Il s'en alla rejoindre son poste. Renia, pendant ce temps, s'était arrêtée de pleurer mais continuait à crier avec force « Jésus Marie, Sainte Vierge ». À 10 ans, elle avait joué admirablement son rôle ! Je me dirigeai vers la sortie, mais le Boche me rattrapa (assez aimablement du reste). Il m'indiqua avec sa montre que l'heure du couvre-feu était venue. Il nous fallait donc rester dans la salle d'attente. Ma femme avait tout vu de loin. Elle s'éloigna. Renia et moi sommes restés assis sur une banquette du hall de la gare. Nous étions manifestement le pôle d'attraction de tout le monde. Les bonnes femmes nous observaient tout le temps. Les *Feldgendarmes* venaient de temps en temps jeter un coup d'œil sur nous. Je me mis à plaisanter avec Renia en polonais et, tout en la divertissant, je lui apprenais à l'oreille son nouveau rôle. Il fallait qu'elle dise à haute voix qu'elle voulait faire pipi afin que nous puissions sortir. Lorsqu'elle exprima ce désir, je lui dis : « Tu sors, et c'est à gauche, moi je t'attends ici. » Renia alla vers la porte et en revint aussitôt. « Papa, j'ai peur d'y aller toute seule, viens avec moi. » Je fis semblant de m'énerver : « Qu'est-ce que c'est que cette fille qui a toujours peur ? » Je la pris violemment par le bras, et la tirai vers la porte, en lui disant : « Viens ! »

*

Toute sa vie, mon père m'a dit que ce soir-là, je lui avais sauvé la vie. Mais je préfère ne pas compter toutes les fois où lui, nous a sauvé la nôtre. Je me rappelle de chacun de ces instants comme si aujourd'hui j'étais encore dans cette gare.

*

Une fois dehors, nous détalâmes à toutes jambes à travers le bois, faisant au moins 500 mètres sans nous arrêter. Que faire ? Nous avons stoppé pour reprendre notre souffle et pour réfléchir à la situation. Il faisait froid et il pleuvait. Nous n'étions vêtus que très légèrement. Si nous passions la nuit dehors, il y avait toutes les chances pour que Renia tombe malade. J'étais désorienté et désespéré. Tout à coup, j'entendis des voix. C'étaient des ouvriers polonais qui discutaient. Je m'approchai d'eux, m'excusai et leur demandai où nous pourrions passer la nuit. Ils firent l'inventaire de leurs connaissances et l'un d'eux m'indiqua le nom et l'adresse d'une veuve qui louait à la nuit des lits dans une chambre. La veuve en question n'habitait pas loin et ils acceptèrent de nous y conduire. Je frappai, la femme nous laissa entrer. Je remarquai immédiatement qu'à table, il y avait six hommes qui n'étaient pas de Lukow et qui passaient comme nous la nuit chez la veuve. Cette dernière, avant toute chose, réclama mon passeport.

« Je suis tenue de vous inscrire, me dit-elle, il y a eu ici une déportation massive, mais les Allemands continuent à chercher dans toutes les maisons, et veulent savoir exactement qui s'y trouve. » Que pouvais-je faire d'autre sinon lui ressortir l'histoire de la noce où l'on m'a volé l'argent et la montre ? Pour confirmer mes paroles, je lui montrai la quittance de l'amende que m'avait délivrée le fameux SS. Je prétendis être de Varsovie et y retourner pour établir justement mes papiers.

Toute cette histoire était richement commentée par les hommes à table. Je tranquillisai un peu la bonne femme. Je lui demandai un peu de thé pour Renia qui était malade, car à la noce elle avait beaucoup trop mangé. La bonne femme revenait sans cesse sur la déportation ; je faisais semblant d'être étonné : « Comment est-ce possible qu'il y ait des Juifs dans ce coin ? Il est vrai que j'étais prisonnier en Allemagne, et que je ne suis absolument pas au courant de la situation. » Je demandai à coucher le plus vite possible Renia qui « grimaçait de douleur ». Décidemment, elle avait toujours un rôle à jouer ! Moi aussi, je me couchai pour éviter les discussions avec les Polonais qui étaient là. Malgré la peur que j'avais de m'endormir, de crainte de parler yiddish dans mon sommeil, je dormis jusqu'à 11 heures du soir ; après je me forçai à rester éveillé. Vers 5 heures du matin, j'entendis les six Polonais sortir de la maison. Je les rattrapai pour leur demander l'adresse d'un coiffeur afin de pouvoir me raser. Le salon du coiffeur qu'ils m'avaient indiqué se composait d'un seul fauteuil occupé par un soldat de la Wehrmacht. J'attendis mon tour assis, le visage caché par un journal. Une fois rasé, j'allai à la gare me renseigner sur les possibilités de retour à Varsovie. Je constatai que le train ne partait que le soir. Pendant un certain temps, j'observai la gare, avec l'espoir de ne pas y voir le « Totenkopf » ; effectivement, je ne le vis pas. Je pris les billets et je sortis par la voie ferrée pour éviter la sortie par la salle d'attente. J'essayai de repérer également l'endroit le plus discret où nous pourrions monter dans le train sans être remarqués. Apparemment, les choses étaient faciles et il n'y avait pas trop de risques. À mon retour, je trouvai Renia en pleurs, mais cette fois-ci pour de bon ! La pauvre s'inquiétait, car elle ne savait pas où j'étais. Nous avons déjeuné chez la bonne femme et sommes restés chez elle jusqu'à 8 heures du soir, heure à laquelle nous avons payé et sommes partis pour prendre le train. Nous sommes montés dans le dernier wagon du train qui se trouvait toujours légèrement en dehors du centre de la gare. En cours de route, nous n'avons subi aucun contrôle. Nous sommes arrivés à Varsovie très tôt dans la matinée.

Ne sachant pas très bien où aller, je téléphonai à Mme Wanda, notre voisine de la maison de Podwisle. Je dormais parfois chez elle lorsque je sortais du ghetto. Quand elle entendit ma voix, elle explosa de colère. Elle me raconta que ma femme était venue hier chez elle et qu'elle n'avait pas arrêté de pleurer. Bella n'avait pas dormi de la nuit, car elle était persuadée que le Boche de la gare de Lukow m'avait fusillé. Effectivement, le fait que je sois vivant, après avoir été arrêté par un « Totenkopf », était plus qu'un miracle. Wanda elle-même crut à la comédie. C'était une femme dont les mœurs étaient peut-être douteuses, mais dans le fond, c'était une brave dame et elle nous aimait bien. Durant la guerre, elle abritait chez elle deux Juives. L'une, la femme du docteur Rubin, vit aujourd'hui en Amérique et l'autre, Barbara, la sœur d'un de mes beaux-frères qui était boulanger dans la rue Nowy Swiat, vit toujours en Pologne. Elle s'est mariée avec un boulanger polonais non juif et nous a déjà rendu visite deux fois.

Il faut dire que moi aussi j'avais rendu à Wanda un grand service, ou plus exactement à son mari. Ce dernier exerçait un métier assez douteux et c'est précisément pour cela qu'il avait été arrêté une fois par la Police criminelle. Comme je connaissais bien le directeur de la police, je suis intervenu en sa faveur et il fut libéré au bout de vingt-quatre heures. Toujours au téléphone, j'expliquai à Wanda comment j'avais réussi à échapper à la mort : « Le détail de l'histoire, je te l'expliquerai chez toi, si tu nous permets de venir. » Elle accepta de nous recevoir, tard dans la soirée.

La journée suivante, nous la passâmes au 29 de la rue Kopernik, chez le jeune Podgorski, fils d'un ami d'avant la guerre. J'y laissai Renia, et je téléphonai à M. X, qui me donna rendez-vous le lendemain en dehors de Varsovie. Je lui expliquai ma situation dans l'espoir de trouver une solution à mon problème. Il me dit qu'il y avait encore des Juifs dans le ghetto qui travaillaient pour les

Allemands. En effet, ils fabriquaient des brosses, des chaussures dans de petites usines. Il me dit aussi que si je n'avais pas réussi à me cacher dans la campagne polonaise, les chances à Varsovie étaient vraiment nulles, surtout avec deux enfants. Seul, on peut toujours se débrouiller, on passe une nuit par-ci, une nuit par-là, mais avec mes jeunes filles !

« La petite Nathalie, on peut la mettre chez ma belle-mère, me dit M. X, comme cela, vous aurez facilement de ses nouvelles, et j'en prendrai soin moi-même. ». C'était une très bonne idée. Sa belle-mère vivait avec sa fille et sa petite-fille au n° 19 de la rue Krakowskie Przedmiescie. La proposition de M. X me surprit, mais je l'acceptai. Comme cela, Nathalie pourrait être sauvée et nous aurions ainsi une liberté de manœuvre un peu plus grande. Je retrouvai mon épouse rue Obozna dans la maison sans toit. C'est elle qui accompagna Nathalie à l'adresse indiquée. Nous étions désolés, car la petite manquait de linge, de vêtements et je n'avais plus rien à offrir comme cadeau, ni d'argent pour payer. J'attendis ma femme non loin de la rue Krakowskie Przedmiescie où nous avions accompagné Nathalie. Dans la rue, je ne marchais jamais à côté de ma femme.

*

Mes parents étaient désolés, sauf que le mot « désolés » ne correspond vraiment pas à ce que peuvent ressentir des parents qui emmènent quelque part leur enfant, sans savoir s'ils la reverront un jour. Il n'y avait de place ni pour les déchirements de cœur ni pour les larmes, il fallait faire vite, ne pas réfléchir. C'était une chance unique que bien peu de gens avaient la chance d'avoir.

7

Retour au ghetto

Dans les journaux et sur les murs figuraient des appels adressés aux Juifs : « Les Juifs vivant à Varsovie du côté aryen, ou vivant à la campagne, peuvent rejoindre le ghetto, sans aucune sanction. » Je sentais qu'il s'agissait là d'un guet-apens. C'est pourquoi nous rentrâmes au ghetto par le mur de la rue Swietojarska, le long du parc Krasinski. La rue était déserte, j'aidai ma femme à grimper, et ensuite je lui passai Renia. Une fois dans l'enceinte du ghetto, ma femme me donna la main ; nous nous sentions un peu soulagés. Nous demandions aux gens que nous rencontrions où s'installer ? On nous répondit qu'il y avait beaucoup de maisons vides. « Vous pouvez vous installer où vous voulez. »

*

La décision de mon père de retourner dans le ghetto après ce que nous y avions vécu peut paraître surpre-

nante. Mais où aller ? Nous n'avions nulle part où nous réfugier. La connaissance de la ville et les amis polonais que mon père y avait lui donnaient des chances supplémentaires de survivre.

*

Je laissai ma femme et Renia dans une des cours des grands blocks et je partis à la recherche d'amis. En chemin, je vis plusieurs grandes maisons complètement vides. Leurs habitants vivaient pour la plupart dans les caves aménagées en bunkers afin d'éviter les rafles qui avaient lieu parfois tous les deux jours. J'allai au n° 4 de la rue Gesia pour voir si le commissariat juif existait encore. J'envisageai éventuellement de demander une aide. Je montais au premier étage d'un grand bloc dont les étages supérieurs étaient vides. Au commissariat, je trouvai quelques agents, dont le célèbre Rotols, champion d'Europe des poids légers en 1936 lors des championnats qui avaient eu lieu en Allemagne. Il était justement de service. Nous avons discuté et nous nous sommes trouvé des connaissances communes dont Mietek S., qui vit aujourd'hui en Israël. Rotols m'apprit également que dans l'immeuble du commissariat, quelques familles avaient abandonné leurs logements. Je choisis alors une pièce vide au troisième étage et je retournai chercher ma femme et Renia. Nous avons fouillé les immeubles voisins à la recherche de meubles. Nous n'avions que l'embarras du choix. Dans les appartements vides, nous trouvions lits, matelas, tables, armoires et chaises. Nous construisîmes un foyer-fourneau avec des briques et de la terre glaise, branché sur le grand poêle. Comme les meubles existaient en abondance, nous les cassions pour faire du feu. Le soir même de notre arrivée dans le ghetto, nous avons eu de nombreuses visites : un « ancien » du Monopole de la rue Przebieg, nommé Grossman (sa femme et ses quatre enfants ont été déportés), un mécanicien-plombier qui avait une petite boutique et que nous connaissons bien, le frère de ma femme avec son épouse et un bébé de quelques mois ; tous ces gens nous trouvaient complètement fous : « Comment, nous disaient-ils, vous avez réussi à vous échapper du ghetto au début de la liquidation qui continue toujours et vous rentrez dans cet enfer ? » Et c'était vraiment un enfer. La famine, les lamentables conditions d'hygiène et l'insalubrité étaient à l'origine des épidémies telles que le typhus et autres. Il n'y avait même plus de vraies infirmières, seulement quelques médecins juifs. Tous les matins, les charrettes s'arrêtaient devant l'hôpital et on jetait les morts par les fenêtres. Les cadavres tombaient de tous les côtés. La charrette filait ensuite vers la rue Gesia où se trouvait le cimetière Juif. On mettait les morts dans une fosse collective de 15 à 20 mètres de largeur qu'on couvrait de chaux sans mettre aucune date, aucun nom, aucune inscription. Je racontai à nos amis du ghetto toute notre odyssée. Bien qu'au courant des déportations massives de Lukow, Parczew, Biala Podlaska, Siedlce, et bien d'autres, ils écoutaient avidement mon histoire. J'étais pour eux le premier témoin oculaire de ces horreurs. À mon tour, je commençai à les questionner sur la vie dans le ghetto. « On vous expliquera ça demain, me dirent-ils, pour l'instant, reposez-vous. » Le lendemain, ils me firent visiter une grande cave carrée et très profonde située en face de l'escalier. À gauche, un couloir permettait de communiquer avec d'autres caves transformées en bunkers. C'était un ingénieux dispositif d'entrée du bunker où le signal se trouvait sur la rigole en voûte. Les soupiraux étaient bouchés à l'extérieur comme à l'intérieur par du ciment. La sortie de secours, car il fallait en prévoir une en cas d'accident quelconque dans les caves, aboutissait dans les W-C de la cour où la cuvette était mobile. En dessous, il y avait un trou suffisamment grand pour permettre à un homme de passer. En allant vers la cave, je remarquai que mes compagnons construisaient une pompe pour avoir de l'eau de source à boire. Je me mis au travail avec eux. Nous y arrivâmes au bout de quelques jours en employant le système de forage du pétrole, en creusant plusieurs mètres.

Entre-temps, il y eut plusieurs rafles, pendant lesquelles tout le monde se cachait dans l'abri. Chacun y avait sa place. À moi aussi, on m'a indiqué un endroit à l'intérieur du mur. Notre place était très dangereuse. D'abord, on pouvait entendre à travers le mur, ensuite et surtout les murs des autres caves étaient beaucoup plus solides que le nôtre. Pour se coucher, nous avions seulement des grands sacs remplis de paille. Nous faisions une cuisine collective, nous débrouillant avec des thermos et un four branché sur la cheminée. Dans la journée, la cuisson se faisait aux étages, mais il n'était pas question de faire du feu la nuit.

*

Nous avons été acceptés dans le bunker. Là aussi il y avait une sélection : les malades (les vieillards avaient totalement disparu) et les gens peu courageux ne pouvaient accéder à ce dernier rempart.

Les Allemands se doutaient qu'il existait encore dans le ghetto quelques cachettes et donc quelques Juifs. Ils passaient chaque jour entre les ruines avec des tanks et des systèmes d'écoute ultra performants. Mais nous étions arrivés les derniers, et nous avions hérité de la plus mauvaise place.

*

Dans notre abri, nous étions trente dont trois bébés. Il n'y avait pas de médecin et très peu de médicaments. On parla même de supprimer les bébés, car leurs pleurs pouvaient nous trahir. Un jour, au cours d'une rafle, une fusillade eut lieu dans la cour et les étages. Ce même jour, l'immeuble fut fouillé à plusieurs reprises. Ce jour-là, les bébés n'ont pas arrêté de pleurer et, le soir, nous avons organisé un vote pour savoir s'il fallait ou non éliminer les bébés. La majorité, dont ma femme et moi, a voté contre. Nous estimions, à juste titre, que leur vie valait largement la nôtre. Un jour, après ce vote, je proposai à mon beau-frère de faire sortir son bébé du ghetto, un garçon qui n'était pas circoncis, et de le placer chez des gens, comme Nathalie, ou bien au couvent, chez les bonnes sœurs. La femme de mon beau-frère a refusé.

Quelques jours plus tard, je me mis à faire un peu de trafic. J'empruntai de l'argent à mon beau-frère et à d'autres pour acheter dans des réserves privées. Il n'y avait plus de boutiques. J'achetais ce que je pouvais, c'est-à-dire des chaussures, des sacs de femme, des porte-monnaie en cuir de luxe, des fourrures de toutes sortes. Je sortais ensuite du ghetto par le mur de la rue Swietojarska. Cette sortie était facile, car à l'intérieur il y avait une échelle. La rue était vide et peu surveillée. Le problème se posait pour le retour. Parfois, je me préparais une caisse, mais je ne la retrouvais pas toujours car les gens la prenaient pour faire du feu. Souvent, je confiais les marchandises à M. X, qui, avec l'aide sa femme, les vendait, leurs contacts avec d'éventuels acheteurs étant plus faciles et certainement moins dangereux que les miens.

Un jour, alors que j'étais allé lui porter de la marchandise, il m'annonça que Nathalie ne pouvait plus rester chez sa belle-mère. Elle pleurait paraît-il tout le temps et les nombreux visiteurs de sa belle-mère commençaient à demander qui elle était. M. X me soumit alors une autre proposition. Sa belle-mère abandonnerait Nathalie dans un jardin public avec un écriteau portant le nom : Lesiakowska. M. X me promit de voir qui l'emporterait et de s'en occuper si nous étions amenés à disparaître. Nathalie fut donc abandonnée dans le jardin public. Restée seule, elle s'est mise à pleurer. On a appelé la Police et c'est un policier polonais qui l'a amenée au 12e commissariat, rue Danilowiczowska, à côté de la police judiciaire. De là, on la conduisit rue Nowogrodzka dans une abbaye. Elle y fut enregistrée sous le nom de Lesiakowska-Sklawinska puis envoyée chez des religieuses à Gora Kalwaria.

Avec mon trafic, je gagnais bien. Je vendais un peu de tout : des tableaux, des cristaux, des fourrures, tout cela pour pouvoir acheter des provisions. Un jour, je rendis visite à un « ami » (Szczepankowski) qui habitait à Zoliborz, et je lui proposai de vendre mes marchandises. Je ne les avais bien sûr pas sur moi et il était venu les chercher de l'autre côté du mur pour que je lui passe un sac rempli d'objets divers. Lorsque quelques jours plus tard j'allai le voir dans l'espoir de me faire payer, il prétendit que les Boches lui avaient tout confisqué en chemin, mais il m'encouragea néanmoins à continuer à lui vendre de la marchandise. Cette fois-ci, je ne marchai plus, fermement décidé à vendre mes articles moi-même. Je mis un beau costume neuf acheté dans le ghetto, un chapeau en velours vert avec une plume et un pardessus avec un col en fourrure, des gants et une serviette en cuir. Équipé de la sorte, j'allais voir Jankowski, le chauffeur personnel du Monopole qui pouvait acheter tout ce qu'il voulait. Il m'achetait absolument tout : fourrures, pelisses, renards, civettes, cristaux. Je me souviens qu'un jour il m'acheta un tableau d'un peintre polonais du XVIIIe siècle, extrêmement célèbre en Pologne, représentant un paysan avec un cierge. Jankowski me dévoila que Szczepankowski, qu'il connaissait bien, lui avait vendu mes marchandises soit-disant confisquées par les Allemands. Il les avait vendues meilleur marché que je ne l'aurais fait. Lorsqu'un peu plus tard Szczepankowski me rencontra, il me dit d'emblée : « J'ai de l'argent pour toi. Les Boches ont remarqué qu'il n'y avait rien de spécial dans le sac et ils m'ont tout rendu. » Il voulait à tout prix regagner ma confiance. Il m'invita même à passer la nuit chez lui, à Zoliborz, où sa femme me confia que son mari était trop bête pour les affaires. C'est elle qui avait dû aller voir les Allemands pour qu'ils restituent les marchandises. Dorénavant, c'est avec elle que j'aurais intérêt à faire du commerce. J'acceptai. C'était leur unique ressource et après tout, moi aussi ça m'arrangeait. Ils n'étaient cependant pas mes seuls clients.

Un jour, chez « les brosseurs », comme on les appelait dans le ghetto, c'est-à-dire ceux qui fabriquaient les brosses, la femme d'un dentiste déporté qui y travaillait me proposa tout un sac de dents et un fauteuil de dentiste. Je lui promis une réponse et j'allai voir un dentiste, M. Cybulski (c'était le copain d'un de mes camarades juif du ghetto) dont le cabinet se trouvait rue Grochowska. Non seulement il accepta d'acheter le fauteuil, mais il était disposé à y mettre le prix. Nous démontâmes le fauteuil que j'emportai chez le dentiste avec un fiacre. Les dents, je les lui avais apportées en trois fois. Chaque fois, j'avais terriblement peur de tomber sur Komorowski ou sur d'autres, car c'était une bonne affaire. Dans la situation et les conditions dans lesquelles nous vivions, il fallait prendre des risques. C'était le seul moyen de s'en sortir.

Nous vivions dans le bunker du ghetto depuis quatre mois déjà (d'octobre 1942 à janvier-février 1943), lorsque je commençai à chercher une solution pour en sortir. C'est dans ce but que j'étais allé voir un ami, Wladek. Du temps de la rue Przebieg, il venait souvent chez nous au ghetto. En 1940, il conduisit mon beau-frère de Bialystok, (d'où ce dernier écrivait des lettres plus qu'alarmantes sur la situation des Juifs dans cette ville), à Varsovie où vivaient sa femme et ses deux enfants. Wladek, qui vit encore aujourd'hui, était un gars brave et honnête. Avant la guerre, il travaillait comme décorateur au théâtre polonais. Pendant la guerre, à cause de sa fermeture, il était devenu menuisier. Il travaillait dans une menuiserie qui se trouvait dans un local du théâtre national. Je lui demandai s'il ne connaissait pas un logement pour nous. Il me répondit qu'il y aurait de la place dans le théâtre, mais qu'il avait un peu peur de ses compagnons (une dizaine de Polonais), car il ne leur faisait pas terriblement confiance. Je lui demandai aussi autre chose : de me fabriquer une échelle pliante d'environ 25 cm de large, chaque partie devant avoir environ 1,30 mètre et être montée sur les gonds. Il fallait aussi que cette échelle ressemble à un jouet, et pour cela il fallait la peindre de deux couleurs. La corde qui me permettrait de tirer cette échelle devait être, elle aussi, multicolore. Je me suis promené absolument partout avec cette échelle astucieuse, et partout elle passait inaperçue. Cette petite échelle me rendait de grands services. Une fois dépliée, je passais facilement le mur du ghetto, sans me blesser, sans m'écorcher les mains et les genoux sur les morceaux de verre que les Allemands y avaient déposés.

Lorsque je le quittai, Wladek me promit de nous trouver un logement. Malheureusement, il n'y parvint pas.

Un jour, j'ai acheté au vieux Podgorski (peintre en bâtiment) un pistolet que j'ai camouflé dans une miche de pain. Ce pistolet devait être le troisième dans notre abri du ghetto. Peu après, ce même M. Podgorski me signala la possibilité de nous héberger dans une chambre avec cuisine chez un frère et une sœur polonais, les Fidler. Podgorski connaissait une Juive, Barbara, une amie de Mlle Fidler, qui habitait chez eux. Elle passait pour une Polonaise et n'avait donc pas à se cacher comme ce serait le cas pour nous. Les Fidler savaient très bien qu'elle était juive, comme ils le sauraient pour nous. M. Fidler était un ancien journaliste et professeur. Il avait à l'époque 74 ans. C'étaient des gens très pauvres, sans revenus. C'est pour cela d'ailleurs qu'ils prirent le risque de nous héberger, risque qui à l'époque était vraiment grand. Le loyer qu'ils nous demandaient était cependant à la mesure de ce risque. Nous allions payer très, très cher.

Je retournai au ghetto et je parlai à ma femme du logis que j'avais trouvé. Pendant plusieurs jours, je transportai de la marchandise du ghetto chez les Fidler. Un soir, j'y amenai ma femme et Renia.

*

Quand nous fûmes enfin prêts, nous fîmes nos adieux aux amis et au peu de famille qu'il nous restait. Nous savions, et eux aussi, que nous ne les reverrions jamais. Mon père nous fit passer le mur avec son échelle miracle ; l'enceinte du ghetto était à ce moment-là un peu moins surveillée qu'elle ne l'avait été. Nous ne savions pas que nous allions rester chez les Fidler pendant dix-huit mois, sans jamais voir ni voisin, ni personne. Cette famille prenait un très grand risque en acceptant de louer une partie de leur foyer à des Juifs.

*

Notre argent passant dans le loyer, il ne nous restait plus grand-chose pour la nourriture. Notre plat principal se composait de pâtes avec un peu de confiture ou des pommes de terre. Et toutes les deux semaines, nous avions droit à un peu de viande de cheval, la viande la moins chère en Pologne. Les Fidler me trouvaient sympathique. Nous décidâmes de la répartition des locataires dans leur appartement. Lui et moi dormions dans la chambre, sa sœur et Barbara dans la cuisine. Entre la cuisine et la chambre, il y avait une petite niche dans laquelle se trouvait un placard, sorte d'armoire à l'intérieur de laquelle il y avait le compteur à gaz. Il était temps : le ghetto vivait ses derniers jours. Je me souviens que nous restions parfois trois jours sans quitter notre bunker. Nous n'avions pratiquement plus rien à manger et la faim faisait des ravages. Cette faim nous obligeait à manger des choux et des betteraves. C'était notre unique nourriture et encore, nous en mangions en très petite quantité. Un matin, j'ai dit au chef de notre bunker que j'allais sortir voir ce qui se passait dehors. Je savais que dans la cour du n° 4 de la rue Gesia, où se trouvait le commissariat juif, il y avait également une coopérative avec les produits rationnés pour les travailleurs du ghetto. Je constatai que tout était fermé et que tout le monde avait disparu. Pas loin de là, rue Tlomackie, se trouvait une très belle synagogue « gothique », une synagogue « pour les riches » comme on dit. J'ai vu que les policiers juifs y entassaient des meubles, tapis, tableaux et antiquités pris par les Allemands aux Juifs. Les Boches avaient transformé la synagogue en un dépôt provisoire pour les marchandises qu'ils transportaient en Allemagne avec des camions qui partaient tous les jours pleins à craquer. Mais ce qui m'intéressait, moi, à ce moment précis, c'était la nourriture. Je cassai donc un carreau de la coopérative. Je pris deux ou trois miches de pain moisi, des oignons, un peu de marmelade, un peu de choucroute, et je portais tout cela dans le bunker. Je partageai cette nourriture avec nos compagnons de misère. Je les avisai des possibilités de récupérer toute la marchandise au dépôt à la coopérative. Après le partage de la nourriture, ma femme n'obtint que la moitié d'une miche de pain. Renia voulut tout manger en une seule fois, mais sa mère s'y opposa. Renia pleurait et n'arrêtait pas de dire : « J'ai faim, j'ai très faim ! » Pour éviter la dispute, je lui donnai tout. « Mais alors, elle n'aura rien demain », me dit ma femme. « Tant pis, s'il n'y en a pas, elle n'en mangera pas ! » lui répondis-je.

Un matin très tôt, au moment où les policiers juifs allaient travailler à la synagogue transformée en dépôt de marchandises, je demandai à deux d'entre eux que je connaissais (et dont j'ai parlé plus tôt, Mietek et Rotols) de se joindre à leur tâche. Ils acceptèrent et me donnèrent un béret. Une fois en dehors du ghetto, ils rentrèrent et je fis un détour par la rue Bielanska où se trouvait la Banque nationale polonaise. Je désirais aller voir des personnes qui me devaient de l'argent. Je voulais également acheter du lard et du pain. C'est là que deux Polonais me suivirent et m'abordèrent. Je discutais avec eux pendant au moins deux heures dans la vieille ville de Varsovie. Je les emmenai dans un bistrot où je pus enfin me libérer en leur offrant un demi-litre de vodka et du saucisson. Cet incident m'avait considérablement retardé. Je retournai directement à la synagogue sans aller récupérer l'argent qu'on me devait, sans avoir rien acheté d'autre qu'un pain. Je vis que tout le monde était formé en rang sous l'œil des SS. L'un des policiers juifs m'engueula. « Il n'est pas possible de porter des colis », me dit-il. Je décidai de ne plus sortir avec eux.

Un jour, « les brosseurs » ont eu droit à une inspection des SS et de la Gestapo. Ces derniers avaient constaté qu'ils fabriquaient de la « *grosse Dreck* », autrement dit « de la merde ». Les Allemands n'avaient pas besoin de ce genre de marchandises. Ils décidèrent qu'il fallait liquider les ateliers de brosseurs, comme d'ailleurs tous les autres ateliers : ceux où on fabriquait des caftans de mouton pour les soldats allemands sur le front russe, ceux où on cousait des combinaisons de neige en toile de parachute. Les Allemands décidèrent de liquider tout cela. Cette décision est à l'origine de la panique générale qui s'empara des travailleurs du ghetto. Tout le monde se cachait dans les caves et les bunkers. Pendant des jours, les rues furent désertes. Un matin, le directeur allemand de l'usine de brosses, Schultz, fit un discours dans la cour et affirma qu'il n'y avait plus de travail dans le ghetto, mais il insista sur le fait qu'il y avait beaucoup de travail ailleurs. Il donna même sa parole d'honneur. Nous avions du mal à le croire, l'expérience avait déjà montré de quels mensonges les Allemands étaient capables. C'est à ce moment-là que j'ai acheté beaucoup des marchandises que je devais transporter chez les Fidler. Il y avait des fourrures, telles que des loutres, des civettes, des centaines de poignées de bambou qui devaient servir comme cannes de parapluie.

Une fois installés chez les Fidler, je continuai à aller dans le ghetto pour faire des affaires. C'était en mars 1943, environ un mois avant le fameux soulèvement qui eut lieu le 19 avril 1943. La vie dans le ghetto devenait impossible. Les rafles étaient de plus en plus fréquentes. Les Allemands fouillaient toutes les maisons, y compris celles dites « sauvages ». C'étaient des immeubles abandonnés où les survivants se cachaient dans les caves camouflées.

Il n'y avait que deux personnes qui connaissaient notre adresse, M. X et Victor Podgorski. Il faut dire que Fidler avait terriblement peur, même de ses propres neveux, qui venaient manger tous les jours. Nous devions alors nous cacher dans la niche, car il ne fallait pas qu'ils nous voient. Souvent, un ami de Fidler apportait à ce dernier des nouvelles clandestines. Il est venu pendant très longtemps et à chaque fois qu'il venait, il fallait se cacher dans la niche. Lorsque Renia avait envie de tousser ou d'éternuer, nous lui comprimions le nez et la bouche.

Un jour, j'allai voir Mietek Janowski au Monopole, ensuite je pris le tram pour aller à Praga, plus précisément au bazar de la rue Zabkowska. C'est là que j'ai acheté de la viande, du beurre, après quoi je me suis dirigé vers l'arrêt des trams. J'étais bien vêtu et je portais une serviette en cuir dans laquelle se trouvaient précisément les produits que je venais d'acheter. J'attendais le tram lorsque je vis arriver trois policiers polonais en civil qui se dirigeaient tout droit vers moi. Je m'enfuis au bazar, et je me cachai dans un poulailler vide. Je me couchai par terre, mais malgré ma rapidité d'action, j'avais probablement été remarqué par le propriétaire de ce poulailler, ancien patron du bistrot de la rue Obozna qui achetait chez nous de la charcuterie et de la vodka. C'est donc certainement cet ancien propriétaire du bistrot qui m'avait dénoncé aux trois policiers. Dans le poulailler, je retirai mon chapeau et le col en fourrure détachable pour qu'on ne me reconnaisse pas. On me tira par les cheveux pour me mettre debout et me faire sortir, puis on m'emmena dans un champ vide sous le pont Poniatowski. Là, je fus fouillé de la tête aux pieds. On m'ordonna d'enlever mes bottes, je devais d'ailleurs les laisser et mettre à la place une paire de chaussures. On arracha même la doublure de ma serviette en cuir. Visiblement, ils cherchaient des dollars et de l'or. On me prit également mon manteau. Juste avant de recevoir l'autorisation de partir, je récupérai mon chapeau et la serviette avec la viande. Je rentrai d'abord au ghetto, car c'est l'adresse que j'avais indiquée aux trois policiers. J'allai chez les Fidler le lendemain matin. Lorsque je racontai à ce dernier ce qui s'était passé, il eut une réaction extrêmement violente : « Si vous continuez à sortir, je ne vous garde plus ! »

*

Ce placard, nous y avons passé pas mal de temps : à chaque fois que quelqu'un sonnait à la porte, à chaque fois que quelqu'un rendait visite aux Fidler, et puis plus tard, lorsque les alliés ont commencé à bombarder Varsovie. À ce moment-là, tout le monde devait obligatoirement descendre aux abris. Les Allemands craignant que des gens restés dans les appartements envoient aux avions des signaux ou des indications, avaient obligé chaque immeuble à avoir un responsable qui, en cas d'alerte, devait visiter tous les appartements et s'assurer que personne n'y était resté. À chaque alerte donc, nous nous glissions tous les trois derrière l'armoire, bien plaqués contre le mur, la place était réduite au millimètre près.

*

J'avais vendu tous les stocks que j'avais ramenés du ghetto, par l'intermédiaire de Victor Podgorski. C'est également à lui que j'avais demandé d'aller chez les curés de la rue Nowogrodzka pour demander des nouvelles de Nathalie. Il m'apprit qu'elle était sur le point d'être adoptée par des *Volksdeutsche*, mais que l'adoption n'était pas encore définitive. On lui dit que si ses parents étaient encore vivants, on pourrait arrêter la procédure. Pour cela, il fallait qu'ils écrivent et qu'ils payent une somme d'argent assez minime. Podgorski expliqua que le père de la petite était prisonnier en Allemagne et que sa mère avait été déportée. Nous fabriquâmes cependant une lettre (c'est Fidler qui l'écrivit) ; ma femme signa Lesiakowska. La lettre ainsi que la somme demandée furent portées par Podgorski. Une semaine après, lui et Barbara allèrent rendre visite à Nathalie. Ils lui apportèrent des œufs, du beurre, du pain blanc et des bonbons. À cette époque, elle avait déjà été baptisée. Ils constatèrent que Nathalie, comme d'ailleurs tous les enfants de cet orphelinat, avait une mine déplorable et était squelettique et affamée. Ils avaient l'air tuberculeux. Podgorski et Barbara allaient voir Nathalie tous les dimanches et lui apportaient à manger. Je décidai d'aller la voir un dimanche. Je demandai à Podgorski de m'obtenir un laissez-passer et priai Fidler de me laisser sortir. Il accepta et nous prîmes tous les trois le train pour Kalwaria.

C'est dans les parloirs qu'on amenait les enfants pour voir leurs familles. Moi, je restai dehors. Je portais des lunettes noires pour que Nathalie ne me reconnaisse pas, me contentant de la regarder par une porte légèrement entrouverte. D'abord, Nathalie se jeta sur la nourriture. Elle voulait manger tout à la fois, le pain, les gâteaux et le jambon. On avait l'impression qu'elle n'avait presque rien mangé depuis très longtemps et qu'elle avait peur que quelqu'un lui enlève ce qu'on lui avait apporté. Lorsqu'elle fut bien occupée avec la nourriture, j'ouvris entièrement la porte et entrai dans la pièce. Tout à coup, elle s'arrêta de manger, sa bouche était pleine et entrouverte, ses grands yeux étaient fixés sur moi. Son regard – je sais que je n'en ai jamais vu d'aussi éloquents – exprimait tant d'injustice et de reproches. C'était plus qu'un acte d'accusation ; il y avait dans son regard quelque chose que je suis incapable d'exprimer. « Comment mon père, ma mère, ma sœur, ont-ils pu m'abandonner comme cela, toute petite, toute seule, dans cet univers sans joie et sans soleil ? » Cette question muette était à l'origine de la douleur profonde que je ressentis dans mon cœur. J'avais la gorge serrée et les larmes commençaient à s'échapper de mes lunettes noires. Je me suis retiré en disant à Barbara de vider la bouche de Nathalie, qui désormais ne voulait plus rien manger, ni rien dire. Elle se contentait de fixer la porte derrière laquelle j'avais disparu. Nul ne sait à quel point j'ai pu regretter d'être venu. C'était la plus grande bêtise que je pouvais faire. Je me suis fait mal à moi, et j'ai surtout fait beaucoup de mal à ma fille, mais il était difficile de prévoir une telle réaction de sa part. Cette même réaction, elle l'a eue lorsqu'un autre dimanche sa sœur est allée lui rendre visite. Renia voulait voir sa sœur cadette à tout prix et nous avons cédé.

Pendant notre séjour chez les Fidler, les habitants de l'immeuble, y compris Barbara, descendaient tous les soirs dans la cour où il y avait une statue de la Sainte Vierge, pour y faire des prières. Nous, on restait avec les Fidler dans l'appartement. Le jour de l'anniversaire de Mlle Fidler, on nous a priés de partir. Les deux neveux, la sœur ainsi que beaucoup d'autres devaient venir. Mon épouse et Renia sont allées à l'église alors que moi j'allais chez Wanda. À l'église, ma femme eut des spasmes ; elle pleurait tellement qu'elle se fit remarquer. C'était bien sûr très dangereux mais elle portait un voile noir et on pouvait croire qu'elle était en deuil. Après la fermeture de l'église, elle est allée se cacher dans la cave de l'immeuble où habitait Fidler. Sachant que les invités devaient partir avant le couvre-feu, elle est remontée tout de suite après. Moi, je suis revenu le lendemain vers 6 heures du matin, lorsque je ne risquais plus de rencontrer trop de monde dans la cour.

Un matin, quelqu'un frappa à la porte. Nous nous sommes cachés dans la niche, là où il y avait le compteur à gaz. Mlle Fidler ouvrit la porte et vit deux contrôleurs venus relever le compteur. D'habitude, elle demandait toujours qui c'était, mais cette fois-ci elle n'avait rien demandé. Le type se précipita vers la niche ; il nous vit, ma femme et Renia en chemise de nuit et moi en pyjama. Barbara, voyant cette scène, ne perdit pas son sang-froid et joua la comédie. Elle cria en se tournant plus particulièrement vers Renia : « Mais vous êtes ridicules, et même toi, tu as honte, mais voyons, ce n'est que pour le gaz, sortez tous de là. »

Par un miracle extraordinaire, le contrôleur ne fut pas particulièrement étonné, ni choqué par notre présence dans la petite niche. Il dit simplement que le compteur de l'appartement était à surveiller, et c'est pourquoi il prit le numéro et l'adresse. Pourquoi ? On ne l'a jamais su. À la suite de cet incident, Fidler exigea notre départ. Je refusai, considérant, à juste titre il me semble, que puisque l'on nous avait vus, le fait de partir ou de rester ne changeait plus grand-chose. Fidler aurait des ennuis dans les deux cas. Je le raisonnai donc et lui proposai le marché suivant : il fallait faire une deuxième clef pour le grenier et se procurer une échelle, pour que, le cas échéant, nous puissions monter sur le toit. Dans la journée, Barbara, ma femme et moi, cachés derrière les rideaux, guettions à tour de rôle l'arrivée des Allemands ou des flics. Le temps que ces derniers mettraient pour monter devrait nous suffire pour nous cacher au grenier qui se trouvait au cinquième étage, alors que nous étions au troisième. Fidler a accepté notre marché, mais à vrai dire nous n'avons eu à monter qu'une seule fois, et encore, c'était une fausse alerte.

Un jour à midi, un soldat qui sortait de l'Imprimerie nationale fut tué dans notre rue. Il est tombé juste en face de notre fenêtre. Fidler, qui avait peur que la maison soit fouillée, nous demanda encore une fois de partir. De nouveau, j'ai essayé de le raisonner avec le même argument du grenier. Même si on nous trouvait dans le grenier, il ne serait pas considéré comme responsable. Bon gré, mal gré, il accepta de nous garder. Pour le récompenser et pour nous rendre utiles, nous avons mis tous leurs vêtements (y compris les pantalons de 1914) à plat pour les retourner. Ce travail nous a pris à peu près trois mois, car faute de moyens tout a été fait à la main. Je réalise aujourd'hui que même si nous avions eu une machine à coudre, nous ne l'aurions pas utilisée à cause du bruit qu'aurait fait un tel engin. J'ai également mis à plat et refait à neuf un manteau en patte d'astrakan de Barbara. Pour Podgorski, j'ai fait une pelisse en civettes avec un col de loutre de grande valeur. Il le portait encore lorsqu'il est venu nous rendre visite à Paris en 1960.

Un matin, j'entendis le bruit de bottes militaires. Je réveillai Fidler, et je l'aidai à marcher jusqu'à la fenêtre. La scène qui se déroulait devant mes yeux me remplit de joie. Je voyais les soldats allemands dans un état épouvantable. Ils étaient sales, misérables ; ils avançaient dans un silence qui faisait un contraste saisissant avec leurs chants habituels. C'est ainsi qu'ils marchaient jour et nuit vers la gare de l'Ouest de Varsovie. Pour nous, ce spectacle fut une véritable fête. Je pleurai de joie. Je pensai que cette allégresse serait partagée par tout le monde. Or, contrairement à ce que j'attendais, Fidler fut content mais sans plus. Il éprouvait une très grande méfiance à l'égard des Russes qu'il haïssait encore plus que les Allemands.

En avril 1943, ma femme a exprimé le désir de passer les fêtes de Pâques dans le ghetto, avec son frère et la famille de ce dernier. Je me suis formellement opposé à cette idée : « Vas-y seule, si tu veux, mais sans Renia », lui disais-je. Pour finir, ma femme n'y est pas allée et nous nous sommes contentés d'acheter de la nourriture pour mon beau-frère. C'est Janek, le frère du concierge du 10 rue Obozna – où se trouvait le magasin de ma femme –, qui, habitant en face du ghetto, a transmis le colis.

8

La révolte du ghetto de Varsovie

L'idée d'une insurrection dans le ghetto de Varsovie avait mûri depuis longtemps. Il n'y avait rien d'autre à faire. Les gens qui, par des moyens extraordinaires, revenaient de Treblinka racontaient des choses invraisemblables. Les Juifs, en se révoltant, n'avaient vraiment rien à perdre. C'est lorsque les Allemands entrèrent dans le ghetto pour rafler des candidats destinés à la déportation que la révolte éclata[1]. Plusieurs soldats allemands furent tués. Le lendemain de ce soulèvement, les camions militaires entouraient le ghetto, alors que l'aviation était entrée en action dès le premier jour. Après les incendies causés par les lance-flammes, les pompiers inondaient d'eau les caves où de nombreuses personnes se cachaient. À ce moment-là, j'étais hors du ghetto, mêlé aux groupes de Polonais venus là en spectateurs. En général, ils regardaient sans faire de commentaires.

1. Le 19 avril 1943.

Une fois cependant, une bonne femme devant moi nous dit : « Ça fait longtemps que les Allemands auraient dû liquider le ghetto. »

L'insurrection dans le ghetto de Varsovie était un coup assez dur pour les Allemands, et par là même une très bonne chose pour la résistance polonaise, qui n'apporta cependant aucune aide aux combattants juifs. Il y avait bien des Polonais qui apportaient des armes au ghetto, mais ils le faisaient pour de l'argent et nullement par idéalisme. Quinze jours après cette expédition dans les environs du ghetto, je restai enfermé chez Fidler ; il avait peur qu'on me reconnaisse dans la rue malgré mon apparence qui n'avait rien de juive ; il préférait m'enfermer à la maison. Une fois, je réussis à sortir à son insu à 6 heures du matin. Les combats dans les rues du ghetto étaient de plus en plus acharnés ; les maisons étaient en feu. Une femme a sauté du troisième étage d'une maison en flammes. Après ce spectacle accablant, je rentrai. Il était 10 dix heures du matin. Fidler énervé, me menaça une nouvelle fois : « Encore une escapade de ce genre, et vous ne revenez plus. » Je ne suis plus jamais ressorti.

Un ami de Fidler apportait régulièrement les journaux clandestins et les dernières nouvelles du front et de la ville. Il raconta qu'un jour un incident qui eut lieu rue Wilcza, et fut plus tard rapporté par un journal clandestin. Un avocat juif s'est réfugié chez des amis ; une heure plus tard, alors qu'il faisait déjà noir, quelqu'un frappa à la porte. « Qui est-ce ? » « *Aufmachen*, ouvrez », répondit la voix. L'avocat, persuadé que c'était pour lui que les Allemands étaient venus, se cacha dans une armoire. En fait, ils étaient venus uniquement pour prévenir que la lumière était visible du dehors. Une fois les Allemands partis, les propriétaires ouvrirent la porte et y trouvèrent un cadavre (l'avocat était mort d'une crise cardiaque). Le corps du défunt fut mis dans un sac-matelas pendant la nuit et laissé sur le trottoir.

Les combats dans le ghetto ont duré six semaines. Les derniers jours, quelques personnes ont réussi à sortir par un canal qui donnait dans une maison qui se trouvait à l'extérieur du ghetto. Les autres ont péri dans les combats ; à part les rats, il ne restait plus personne.

Peu de temps après la liquidation du ghetto, l'aviation russe commença à bombarder tous les jours. L'objectif principal était la gare qui se trouvait près de la place de la Défense. Les bombardements commençaient entre 6 et 7 heures du soir et duraient toute la nuit. La ville paraissait illuminée. Nous avions appris, toujours par des nouvelles qui arrivaient clandestinement, que les Russes avaient massacré des milliers de Polonais, la plupart des officiers de l'armée. Ils avaient également torturé des curés et des bonnes sœurs. Ce massacre a eu lieu à Katyn, et d'après ce que l'on raconte il y eut 15 000 morts. Plus tard, lorsque les Russes ont emporté leurs premières victoires, les Allemands revenaient du front occidental dans un état lamentable. Ce n'étaient plus de fiers soldats, mais des clochards dépouillés dont beaucoup étaient blessés. Les hôpitaux étaient pleins à craquer. Les soldats blessés, d'après ce qu'ont raconté les infirmières polonaises, étaient enveloppés dans des couvertures chaudes pour enlever les poux, au point que les couvertures marchaient presque toutes seules. Cela me faisait penser aux images qu'on voyait sur les tramways, images qui faisaient partie de la propagande antisémite de Himmler. On prétendait que les Juifs étaient des gens sales, que leurs barbes et leurs cheveux étaient des pièges à poux. En voilà quelques-unes de ces images : un Juif qui fait le pain clandestinement dans les caves, avec la pâte dans le lit à côté de sa bonne femme ; un boucher tient un rat par la queue et le fait passer dans le moulin à viande. Cette viande est ensuite vendue aux Polonais. Il y a eu beaucoup d'autres images de ce genre. Si les Juifs du ghetto étaient sales, c'est parce qu'ils ne pouvaient pas faire autrement. Il n'y avait pas d'eau, pas de savon et ils étaient des centaines dans les caves. Le jour où les Allemands se sont trouvés dans les mêmes conditions, ils étaient aussi sales.

Un jour, une fusillade eut lieu tout près de l'endroit où nous habitions. Quelqu'un avait dénoncé sept personnes, des Juifs, qu'une famille polonaise abritait derrière un mur – par jalousie probablement, car le prix du loyer était fabuleux. Quand les Allemands sont entrés dans l'appartement en question, on leur a répondu qu'il n'y avait personne. Effectivement, après une première recherche, ils n'ont rien trouvé, mais ils ont persévéré, car le dénonciateur avait précisé l'endroit exact où ils se dissimulaient. Un mur derrière lequel répondait le vide a été détruit et les sept personnes ont été découvertes.

Elles ont été fusillées sur place, la famille qui les avait hébergées a été emmenée par les Allemands. Cet incident a eu lieu peu de temps après le soulèvement du ghetto. Parmi les sept, certains étaient armés. Ils n'ont pas hésité à tirer et deux Allemands ont été tués.

Durant cette période, le fait que les choses allaient de mal en pis pour les Allemands sur le front russe n'était plus un secret pour personne. Les bombardements avaient lieu tous les jours et nous n'avions pas le droit de descendre dans les caves aménagées en bunkers. Nous restions des heures allongés par terre, ne sachant pas quoi faire, tremblant de peur puisque notre maison tremblait sous le choc des bombes. C'était épouvantable et surtout très dangereux. La maison chancelait et chaque fois qu'un obus tombait, nous risquions d'être anéantis. Ce fut pour nous, à tout point de vue, une période noire. Et pour comble, je suis tombé malade. Mes nerfs ont craqué. J'ai eu des crises terribles, et il était impossible de faire venir un médecin, ou d'aller en voir un. Les douleurs d'estomac et les maux de tête que j'ai eus alors sont indescriptibles. La visite que j'avais rendue à Nathalie m'avait complètement achevé. Je n'arrivais pas à m'en remettre, et cet état durait depuis des semaines et des semaines.

Les combats entre la résistance polonaise et les Allemands commençaient un peu partout dans les rues de Varsovie. Un matin, voyant par la fenêtre un tel combat, je voulus moi aussi aller me battre du côté des résistants. Fidler s'y opposa : « Si vous partez, me dit-il, prenez votre femme et votre fille avec vous. Vous êtes bon pour l'hôpital ou l'asile psychiatrique, pas pour aller combattre. »

*

J'allais avoir onze ans. Avant la guerre, j'avais commencé à aller à l'école, mais ça n'avait duré qu'un an. Dans le ghetto, j'essayais d'aller au Heder[1]*, mais ça ne fut pas possible longtemps. J'eus une chance énorme : M. Fidler avait été professeur, et tous les jours, pendant des heures, il m'apprenait tout, littéralement tout (sauf le français, c'est dommage). Grâce à lui, je pus passer des examens après-guerre, et rentrer normalement au lycée à Gdansk.*

*

Pendant notre séjour, Renia, avec l'aide de Fidler, écrivait un journal sous ma dictée. Ce journal, ainsi que la marchandise et nos vêtements sont restés chez Fidler. Les bombardements devenaient de plus en plus fréquents. Les Allemands bombardaient tous les quarts d'heure. Nous étions les seuls à rester à l'étage, car tout le monde sans exception descendait dans les caves.

---

1. Le Heder est une école élémentaire traditionnelle juive. On y enseigne les rudiments du judaïsme et de l'hébreu.

*

Après le passage des responsables d'immeuble, nous nous trouvions aux premières loges pour voir les alliés, et plus tard les Russes bombarder Varsovie. Notre immeuble était dans la vieille ville « stare miasto ». *Malgré la peur, nous ressentions une joie immense à l'idée d'être bientôt libérés. Nous pensions à peine que nous aussi, nous serions peut être victimes d'une bombe. Seule comptait la Libération, vivants ou morts. Seule comptait l'idée de ne plus avoir peur d'être pris, d'être arrêtés à chaque seconde par les Allemands.*

*

Après quelques jours de cet enfer, je n'ai pas pu tenir davantage. Rester ne serait-ce que quelques jours de plus dans l'appartement de Fidler était absolument inconcevable. Pendant que les autres étaient dans les caves, je suis descendu dans la rue. Je suis allé voir Janek, rue Przebieg, pour lui demander s'il pouvait nous héberger dans sa cave. Janek accepta. Je suis revenu chez Fidler pour prendre ma femme et ma fille, laissant dans l'appartement tout ce qui nous appartenait, dans l'espoir d'y retourner un jour pour reprendre nos affaires. C'était pendant l'insurrection de Varsovie, en septembre 1944. On bombardait sans cesse la ville et ses environs. Les maisons s'écroulaient les unes après les autres sous les bombes allemandes. Au bout de quelques jours passés chez Janek, je décidai d'aller chez Fidler pour y prendre quelques affaires personnelles, mais je fus réduit à les chercher dans les ruines, la maison n'existait plus ! Barbara, Fidler et sa sœur avaient survécu. Lors du bombardement, ils s'étaient abrités dans la cave où ils avaient emporté leur argent. Mais leurs affaires ainsi que les nôtres furent réduites en poussière au même titre que la maison.

À cette époque-là, c'est Janek qui nous logeait, avec d'autres familles. Je pris l'initiative d'y faire des tranchées et des barricades. Un jour, la résistance polonaise invita chaque Polonais à se rendre aux dépôts allemands (qui ne se trouvaient pas très loin de la gare de l'Ouest), où il y avait des réserves importantes. Ces dépôts étaient depuis trois jours aux mains des résistants. À la suite de cet appel, j'organisai des troupes composées des locataires de l'immeuble. Tout le monde participait, même les gosses. Nous avons apporté des sacs de farine (mon épouse portait un sac de 60 kilos), un nombre incalculable de caisses de bougies, de conserves, de sucre, des bottes, des manteaux en laine. Nous mettions tout cela dans les caves aussi bien de notre immeuble que dans celles des immeubles voisins. Nous avions de quoi manger ! Pour construire des barricades, nous avions reçu l'aide de Juifs français libérés de la prison de Pawiak, ainsi que celle des Roumains et des Hongrois libérés par les résistants. Après huit jours, nous constatâmes que les Allemands se rapprochaient et qu'il fallait reculer. La Résistance continuait à donner des ordres par haut-parleurs : « Les civils doivent se retirer du quartier… » C'est ainsi que nous avons abandonné l'immeuble dans lequel habitait Janek ainsi que tous les immeubles voisins, emportant avec nous le maximum de nourriture et de vêtements et laissant le reste dans les caves. Nous sommes partis par les tranchées vers la place Krasinski, et au n° 19 de la rue Dluga. Nous y avons occupé une cave. Chaque fois que les combats dans la rue se calmaient un peu, nous partions chercher la nourriture laissée dans les caves des immeubles que nous venions de déserter. Nos provisions étaient cachées dans d'énormes trous que Janek et moi avions creusés à cet effet. Il ne fallait pas que les sacs de sucre, de farine, les conserves, les manteaux de laine tombent entre les mains des Allemands. Nous pensions retourner sur place et récupérer cette marchandise afin de nous nourrir et de nous couvrir. En vérité, nous n'y sommes jamais retournés car le quartier fut occupé par les Allemands qui y planquèrent des tôles électriques. Ils lâchaient des bombes qui faisaient un bruit épouvantable. Les Polonais les appelaient les « vaches qui hurlent ». Effectivement, on entendait ce hurlement dans un rayon de 10 km, et même plus. À la gare également, il y avait des « vaches hurlantes », elles étaient installées sur les plates-formes des trains. Nous, on était environ à une demi-heure de marche de ce quartier, dans un bunker où s'entassaient à peu près dix familles qui dormaient par terre sur de vieilles paillasses.

Un matin, Janek partit avec un copain et il revint avec un gros pistolet. « Où l'avez-vous pris ? », demandai-je.

À quoi Janek répondit qu'ils s'étaient inscrits dans la police pour chasser les communistes, y compris ceux qui faisaient partie de la Résistance. C'était trop fort ! « Comment, dans un moment semblable, tu oses faire des choses pareilles ? Même si c'est un communiste, c'est avant tout un combattant, et l'important c'est de lutter contre les Allemands, et non de s'entre-tuer. » Janek était déjà beaucoup moins sûr de lui. Il me dit que beaucoup d'autres s'étaient aussi inscrits. Sous le coup de la colère, j'allai voir sa femme et son frère Wacek. Ils étaient tous de mon avis et, par conséquent, tous contre Janek. J'ai même menacé Janek de partir : « Si c'est comme cela, lui dis-je, je ne reste pas ici, j'irai n'importe où, mais je n'ai plus confiance en toi. » Janek est aussitôt retourné au siège de la police pour rendre sa carte et son pistolet, expliquant qu'il ne pouvait plus continuer à faire ce travail, donnant des raisons plus ou moins valables.

Nous sommes restés dans le bunker environ quinze jours à trois semaines. J'étais toujours malade et mes crises devenaient de plus en plus insupportables. C'est alors que Wacek m'a amené en pleine crise dans une église voisine transformée en hôpital pour les militaires. Il y connaissait le médecin-chef, le seul médecin de cet hôpital capable d'opérer. Wacek demanda le chef (son nom était bien polonais), disant qu'il s'agissait d'un cas urgent. Les opérations avaient lieu dans la cave, à la lumière des bougies. Il arriva en sang de la tête aux pieds. À sa vue, je me suis trouvé mal. Son visage me parut familier et en effet, je le connaissais très bien. C'était un Juif comme moi, et son nom était bien juif également : Raicher. Sa femme et ses deux enfants avaient été déportés. Il s'est marié fictivement à l'église, ses faux papiers étaient donc en règle et c'est ainsi qu'il pouvait travailler dans cet hôpital. À ma vue, lui aussi est devenu tout pâle. Il me demanda ce qui m'arrivait et me fit immédiatement une piqûre calmante. Tout cela très vite, car les blessés attendaient sur plusieurs tables. Raicher nous a priés de repasser le lendemain car il pourrait nous accorder un peu plus de temps. Pendant quelques instants encore, nous avons discuté des événements : « La situation est très grave, nous dit-il, dans quelques jours, si vous restez là où vous êtes actuellement, vous serez pris par les Allemands. Il vous faut trouver le moyen de passer par le canal vers la place de Trois-Croix, où la Résistance est encore efficace, et les Allemands loin ». « Nous allons trouver les moyens pour », lui répondis-je – j'avais compris que c'était surtout à moi qu'il s'adressait. Wacek était vieux, et de surcroît polonais ; il risquait nettement moins que moi. « Faites-moi un signe de temps en temps, et n'oubliez pas qu'ici, les jours sont comptés », nous dit-il en nous quittant.

Nous sommes retournés dans la cave. Je pris Janek à part et lui expliquai le danger. Je savais qu'il y serait sensible à cause de son bébé de quelques mois. Le lendemain, vers 4 heures du matin, nous sommes descendus par un égout secondaire (c'est Wacek qui a couvert l'égout après nous). Il fallait faire environ 200 mètres à quatre pattes (le diamètre de cet égout était de 50 cm) pour arriver au canal principal. De tous les côtés, il y avait des milliers de rats. Je pensai mourir sur place. Arrivés au canal principal, nous avons constaté que l'accès était barré par un grillage dont les barres de fer étaient disposées à 10 cm de distance. Nous n'avions pas d'outils pour découper les barres. Nous sommes cependant restés un moment pour savoir où se dirigeaient les militaires. L'accès du canal était formellement interdit aux civils ; tous ceux dont on entendait les pas étaient des résistants. Le retour fut pour moi un vrai calvaire, je n'en pouvais plus. J'avais des crampes dans les genoux et, au milieu du chemin, je m'évanouis. Janek dut me traîner par un bras jusqu'à la sortie, car je ne pouvais plus bouger. Il était lui aussi à bout de force. Ce trajet nous prit une heure et demie. Wacek nous attendait à la sortie de l'égout. À l'appel de son frère, il nous fit sortir. Après cette expédition, je restai au moins deux jours à me masser les genoux. Wacek est allé tout seul chez le médecin pour lui dire que le passage était risqué surtout si l'on se déplaçait avec les familles. C'est trois jours plus tard, lorsque les Allemands ont bouché la sortie du canal, que nous nous sommes rendus compte de la sagesse de notre résolution. Il n'y avait plus de passage possible, ni à droite, ni à gauche. Les Allemands y mirent des sacs de sable, y versèrent de l'essence et ont mirent le feu. Parmi les soldats de la Résistance, il y eut beaucoup de morts. Je n'ai plus revu le médecin, car après les combats acharnés, notre rue a été occupée par les Allemands. Pendant ce temps, nous nous occupions des barricades.

Un jour, les Allemands ont envoyé les « vaches hurlantes » sur notre maison. Celle-ci, qui ne comptait que trois étages, fut rasée jusqu'au sol. Nous étions alors tous dans la cave. Après ce bombardement, nous n'espérions plus pouvoir sortir. Heureusement, les voisins des caves d'à côté réussirent à dégager la sortie du bunker. Le déblaiement du côté d'une seule fenêtre leur prit la journée entière. Lorsque nous sommes sortis, on nous a dit que les Allemands étaient tout proches et qu'il fallait évacuer le plus vite possible cette maison ainsi que les maisons voisines. À ce moment-là, je remarquai dans un ancien bureau de la cour une machine à coudre. J'y entrai et je coupai des draps et tout ce que j'avais sous la main pour en faire des sacs à dos. Ainsi nous pourrions emporter avec nous quelques provisions.

Ce que je vais raconter maintenant, je n'y crois pas moi-même. Je me demande encore comment j'ai pu y échapper. Pendant que je cousais, un obus est tombé dans la cour. L'explosion a provoqué tout autour une projection de morceaux de plomb. Mes sacs ressemblaient à des passoires. La poche de la veste que je portais fut arrachée avec le tissu. Mon visage et mes mains étaient incrustés d'éclats d'obus gros comme une tête d'épingle. Le plomb avait pénétré seulement à fleur de peau et les marques sont parties assez rapidement. Dans la cour cependant, les blessés se comptaient par dizaines. Nous n'avions pas de sacs à dos et le temps pressait. Le lendemain, à 6 heures, les Allemands étaient dans notre cour et dans celles des maisons voisines. Finalement, personne ne put partir, les Boches nous avaient encerclés de tous les côtés. Ils criaient : « *Haus* tous les bandits ! ». Ils ont délimité un couloir avec des mitraillettes par lequel il fallait passer deux par deux. Le chef de la patrouille SS regardait chacun droit dans les yeux, et une fois dans la rue nous étions fouillés de la tête aux pieds. J'avais l'air très vieux, ma maladie, les événements des derniers mois y étaient pour beaucoup. Je tenais Renia par la main, ma femme marchait à mes côtés. Dans la poche de mon blouson, j'avais une ancienne Patek en or ; un SS me demanda : « *Was ist das ?* », prit la montre et la glissa dans sa poche. Janek, un de ses camarades et d'autres jeunes sont restés pour défaire les barricades. Wacek et moi, ainsi que nos familles, sommes passés à travers le couloir. Wacek était un homme âgé, moi je ne l'étais pas, mais comme je l'ai expliqué, je paraissais au moins tout aussi âgé que lui. On nous mit en rang par quatre et on nous conduisit rue Lesna, au coin de la rue Zelazna. Les soldats de la Gestapo y étaient assis près de tables disposées sur les trottoirs. On nous dit de nous asseoir au milieu de la chaussée. Pas loin de moi, un garçon de 13 ou 14 ans était seul. J'ai appris plus tard que c'était le fils d'un rédacteur polonais. Mais à cause de ses yeux noirs et de ses cheveux noirs frisés, un soldat de la Gestapo l'emmena et le fit entrer dans la cour. Nous avons entendu deux coups de feu... Il n'était pas juif mais il fut considéré comme tel, sans même lui demander ses papiers. J'avais un pain sous le bras ; j'en donnai la moitié à Renia et nous le mangeâmes pour détourner l'attention. Les hommes de la Gestapo faisaient l'aller-retour en examinant les gens. Nous étions 2 000 et de temps en temps quelqu'un était appelé pour vérification de ses papiers. Ils voulaient surtout savoir si ce n'était pas un résistant. À un moment, Wacek se leva et s'approcha des tables : « C'est foutu pour nous. », dis-je à Bella. J'étais persuadé qu'il allait nous dénoncer pour prix de sa liberté, mais nous n'avions aucun moyen de nous enfuir. Seul, j'aurais essayé, mais avec ma femme et Renia, c'était impossible. Wacek expliquait quelque chose et montrait ses papiers, cela dura pendant au moins dix minutes. Il retourna ensuite à sa place et l'attente reprit. Cela me paraissait être plus qu'un miracle et s'expliquait ainsi : Wacek avait montré les papiers certifiant que son fils aîné était né en Ukraine et qu'il y faisait son devoir militaire au service des Allemands. Wacek se trouvait à deux ou trois rangées de nous, mais je n'osai rien lui demander. Les Allemands crièrent alors des ordres : « Mettez-vous debout, marchez vers Pruszkow ! »

Nous sommes arrivés vers midi à Pruszkow. Il y avait déjà des baraques préparées, d'anciens wagons sans roues mis de côté. Nous y sommes tous restés pendant quelques jours. Il y avait avec nous Wacek et sa femme, l'épouse de Janek avec son gosse, et une autre jeune femme, Edwige. Nous attendions, ne sachant pas ce que les Allemands projetaient de faire de nous. De temps en temps, la Croix-Rouge venait distribuer de la soupe. À un moment, je pensai que si un contrôle d'identité devait avoir lieu pour nous envoyer en Allemagne, car c'était la destination des Polonais, j'aurais des ennuis, car je n'avais pas de papiers. Sachant que dans les baraques il y avait toujours beaucoup de vols, j'entrai dans le cabinet de toilette et je découpai avec une lame de rasoir la poche de mon pantalon, à une hauteur où le portefeuille peut sortir. Je mis une épingle à nourrice pour tenir ma poche et je signalai à Wacek que si l'on me demandait mes papiers d'identité, je dirais qu'on me les avait volés en même temps que le portefeuille. « Toi Wacek, tu diras que tu es au courant, car lorsque le vol a eu lieu, j'ai fait un scandale terrible, moins peut-être pour les papiers que pour l'argent que j'avais dans mon portefeuille. » Le quatrième jour de notre séjour à Pruszkow, on nous fit sortir des baraques. J'étais toujours avec Renia que je tenais par la main, sa mère à mes côtés. Lorsqu'à notre tour, nous nous sommes présentés devant les Allemands, c'est d'abord Bella qui est passée. Lorsque Renia a vu qu'on emmenait sa mère, elle a commencé à pleurer : « Maman ! Maman ! » On me l'a arrachée puis on l'a envoyée avec sa maman. J'ai essayé de faire le tour et de rejoindre mon épouse et ma fille. La foule était immense, et malgré mon acharnement à les retrouver, je les ai perdues de vue. Elles ont été tout de suite placées dans un train à destination de l'Allemagne.

9

Travailler en Allemagne[1]

Nous étions maintenant séparées de mon père, ne sachant plus ce qu'il allait devenir, ni ce qui nous attendait. Dans le train, je crois me rappeler que nous n'étions que des femmes. Je me souviens d'une tristesse incommensurable, de nos pleurs à ma mère et à moi. Nous étions sûres de ne plus jamais revoir mon père. Et pourtant, nous n'avions même plus peur d'être juives. Nous étions entourées de Polonaises, et puis, qui pouvait donc penser que quelque part il restait encore des Juifs ?

Après plusieurs heures de route, le train s'est arrêté ; on nous a autorisés à descendre quelques minutes pour nos besoins. Nous étions en pleine campagne, au milieu d'un champ de tomates ; nous en avons cueillies quelques-unes, juste avant qu'on nous donne l'ordre de remonter dans le

1. Ce chapitre est le témoignage de Régine Frydman, qui est déportée en Allemagne avec sa mère après l'insurrection de Varsovie, tandis que son père, lui, reste en Pologne.

train. Nous n'avions emporté que ce que nous portions sur nous. L'été finissait, ou peut-être étions-nous encore en plein milieu de l'été, je ne sais plus. Je portais une robe d'été, des sandalettes, ma mère aussi, avec une veste d'homme en plus. Dans sa poche, elle avait conservé un « trésor » : un mouchoir dans lequel se trouvaient un morceau de gras de porc et quelques morceaux de sucre ; elle y ajouta les quelques tomates que nous avions cueillies.

Nous sommes aujourd'hui en 2011, et pourtant, je peux vous jurer que jamais le goût de ce tomate-speck[1]*-sucre n'a pu sortir de ma mémoire. Je me souviens de ma mère sortant de sa poche le mélange que contenait son mouchoir, mouillant et fondant le sucre dans les tomates écrasées ; je me souviens de ce goût dans ma bouche. Pendant tout le restant du trajet, le train ne s'est plus arrêté ; combien de jours et de nuits, je ne sais plus aujourd'hui. Mais nous avons fini par être débarquées à Francfort-sur-Oder. On nous mit dans un camp de transit ; nous en savions assez pour pouvoir savourer le bonheur de pas avoir été mises dans un camp de la mort. Nous étions très nombreuses. Tout de suite, ma mère alla se présenter aux cuisines pour y travailler, en me disant : « Qui est près de la casserole mange. » Pour moi et pour elle, elle gardait toujours quelques épluchures de légumes. Nous sommes restées trois semaines dans ce camp, dans la boue, dans la crasse et la saleté, affamées et sans rien savoir de ce qui nous arriverait le lendemain. Et puis un jour, on nous a*

---

1. Le speck est un jambon d'Italie.

remises dans un autre train, mais pas toutes les femmes ensemble. Celles qui étaient jugées aptes au travail étaient séparées des autres. Cette fois-ci, c'était un train normal, un train de voyageurs. Nous sommes arrivées dans la très jolie petite gare d'une très jolie petite ville allemande : Neuruppin. La propreté, l'ordre et le calme qui y régnaient nous ont stupéfiées. Depuis combien de temps n'avions-nous plus vu une ville sans maisons détruites, des fleurs dans les rues, des arbres aux carrefours ? Mais la vraie surprise nous attendait à la gare : des paysans des alentours étaient venus nous attendre. Ils avaient besoin de main-d'œuvre, car tous les hommes étaient au front. On nous a alignées et ils ont fait leur choix. Ma mère et moi sommes restées les dernières ; personne n'avait envie de prendre une femme encombrée d'une fillette. Mais un fermier qui ne s'était pas encore servi finit quand même par nous prendre, et nous nous sommes retrouvées dans un petit bourg qui s'appelait Szwanoff. Neuruppin et Szwanoff sont deux noms à jamais gravés dans ma mémoire. Dans toutes les fermes avoisinantes, des Polonais, des Français, des Tchèques et bien d'autres encore remplaçaient les hommes, jeunes ou pas, tous partis pour le front. Ma mère et moi n'avions pas eu de chance : nous étions tombées sur le pire fermier du coin, un fou, coléreux, jamais content, qui sans arrêt voulait nous battre. Nous faisions tous les travaux des champs : blé, betteraves, pommes de terre ; ramasser les blés, puis les soulever très haut vers les batteuses. Ma mère trayait aussi les vaches. Un jour, le fermier ordonna que je traie moi aussi : ma mère refusa. Le fermier se jeta sur elle pour la battre, mais brusquement, elle l'attrapa par les revers de sa blouse de paysan. Je ne vous ai pas encore décrit ma mère, c'est le moment ou jamais : elle était très grande, environ un mètre soixante-quinze, une constitution robuste, encore très costaude malgré toutes les épreuves qu'elle avait pu subir. Elle attrapa donc le fermier par les revers, le faisant reculer contre le mur et le dominant d'au moins une tête : « Tu ne toucheras pas à ma fille, c'est moi qui traie les vaches, pas elle. » Le fermier ne m'a plus jamais reparlé des vaches mais m'a mise au nettoyage de la paille des cochons, une odeur affreuse. Régulièrement, il n'était pas satisfait et piquait une crise ; on ne faisait pas les choses assez bien ou assez vite, et brusquement il se mettait à nous bombarder de betteraves. Il trouvait toutes les façons imaginables de nous maltraiter. Imaginez une seule seconde qu'il ait appris qui nous étions vraiment ; que ma mère, au lieu de s'appeler Sophia, s'appelait Bella, et que moi, Trisco, j'étais en vérité Renia. Je suis certaine qu'il nous aurait dépecées de ses propres mains. Mais heureusement, nous n'étions que des « polnische Schweine *», des cochons polonais. Des semaines, des mois passèrent, et je compris que ma mère était enceinte. Elle ne m'en parla jamais, il fallut que je le comprenne toute seule. Elle travaillait très tôt le matin, jusqu'à la nuit, plus dur qu'un homme. Après les travaux des champs, ceux de la ferme, elle faisait le ménage, la vaisselle, mille autres choses encore. L'hiver est arrivé très vite et nous n'avions rien à nous mettre que les quelques affaires qu'on nous avait* *données pour nous protéger vaguement du froid. Mais le pire, c'est que nous n'avions pas de chaussures. Chaque matin, ma mère enveloppait mes pieds et les siens de papiers, de journaux, de toiles de sac de pommes de terre, jusqu'aux genoux.*

Évidemment, nous n'avions aucune nouvelle de mon père, nous vivions dans l'angoisse de savoir ce qu'avait pu devenir ma petite sœur. Nous avions l'impression que nous allions passer tout le restant de notre vie dans cette ferme.

Et le ventre de ma mère continuait de grossir. Elle ne pouvait se résoudre à avoir un enfant de plus, à mettre au monde un bébé dans cet enfer, sans pouvoir imaginer ce qu'il adviendrait de lui. Et tous les soirs, dans notre chambrette, ma mère me demandait de grimper sur son ventre et de le piétiner. Je devais y aller de tout mon poids, de toutes mes forces, rouler mes pieds le plus longtemps possible sur toute la surface du ventre de ma mère. Ce souvenir me poursuit depuis toujours, j'avais onze ans. Je savais que ce que je faisais n'était pas bien, je me sentais mal, c'était une douleur terrible de voir chaque soir ma mère pleurer pendant que je lui piétinais le ventre.

Je n'ai raconté cette histoire qu'une seule fois, à une seule personne, ma meilleure amie, longtemps après la guerre, et c'était comme si je lui racontais un crime que j'avais commis.

Le neuvième mois est arrivé, et ma mère a dû partir à l'hôpital. La femme du fermier était malade, alitée depuis le jour de notre arrivée. Un matin, une ambulance est venue les prendre, ma mère et elle. Nous étions à 60 km de Berlin, et c'est là qu'elles ont été hospitalisées. Juste avant de partir, la femme du fermier a dit à ma mère : « Sophia, toi tu reviendras, mais pas moi. » Elle ne s'était pas trompée. La moitié de cet hôpital de Berlin a été bombardée, et elle est morte dans ce bombardement.

Ma mère partie, je restai seule à la ferme. Je ne sais plus à quoi je pensais alors, tout avait fini par se mélanger dans ma tête, j'étais écrasée par l'idée de ne plus jamais revoir ma mère, qui pourtant m'avait promis qu'elle reviendrait, qui m'avait demandé d'être sage et de ne pas avoir peur.

Ma mère a accouché d'un garçon mort-né.

Pendant son hospitalisation, elle avait eu de la fièvre, s'était mise à délirer et à parler en yiddish, mais Dieu était avec elle. On lui a posé des questions, et elle s'en est sortie.

Quand elle est revenue, je ne savais pas ce qu'elle ressentait. J'avais onze ans, et même si j'avais pu comprendre, je ne lui aurais jamais posé de questions, par pudeur. Je sais seulement que sa joie de me retrouver ne pouvait masquer l'immense tristesse qui s'était emparée d'elle. Mettre au monde un enfant de plus dans l'enfer de cette guerre n'était pas concevable pour elle. Jamais elle n'aurait pu supporter d'abandonner encore un de ses enfants. Toute ma vie je reverrai ces images.

Moi, j'avais continué à faire tous les travaux de la ferme, et le ménage dans la maison ; un jour, en frottant les parquets, je n'ai pas pu m'empêcher d'ouvrir le buffet de la salle à manger ; depuis le début de la guerre, je n'avais pas une seconde cessé d'avoir faim. Dans le fond d'une jatte, il restait un peu de crème, faite de lait et de sucre, et je n'ai pas pu me retenir d'y passer mon doigt et de goûter à cette merveille. Malheureusement, la trace qu'avait laissée mon doigt ne disparut pas. Le lendemain, le fermier, ayant découvert le vol, me traîna à travers tout le village en me tenant par les nattes, exhibant la voleuse à tout le monde, jusque chez le bourgmestre – le maire – à qui je dus promettre de ne plus jamais recommencer.

Mais autour de nous, nous sentions que les choses étaient en train de changer ; même notre Allemand caractériel se mettait à être un tout petit peu plus gentil.

Une nuit, des camions allemands remplis de soldats, d'officiers et de tout un état-major s'arrêtèrent pour la nuit dans le village et dans notre ferme. À l'aube, ils avaient tous disparu.

À voir la tête des paysans et des villageois, nous commencions à nous demander si quelque chose de bien n'allait pas nous arriver. Depuis plusieurs jours, des avions passaient au-dessus de nous, vers Berlin. Nous n'avions bien sûr aucun renseignement, mais faisions des déductions.

Après le départ des soldats, cette fameuse nuit, nous avons commencé à entendre le bruit des canons, au loin. Les paysans entreposaient de la nourriture dans leurs caves ; et cette fois-ci, nous finîmes par comprendre que la fin de nos souffrances était peut-être proche.

Un matin, nous avons entendu des coups de canon pas très éloignés. Nos gentils Allemands – car à partir de là, ils se sont mis à devenir brusquement aimables – nous ont proposé de descendre à la cave avec eux.

Mais moi je ne supportais plus d'être dans une cave, et ma mère elle-même ne put me forcer à y descendre. J'allai me poster au coin de la maison, cherchant à voir d'où venaient les tirs. Je n'avais plus peur du tout, je sentais que quelque chose d'extraordinaire allait se passer.

Et puis, d'un seul coup, au loin, apparurent des formes sortant des champs. Il n'y avait apparemment aucune résistance. Je vis venir des hommes dans un état indescriptible, noirs de poussière, leurs uniformes collant à leur corps épuisés, mais des visages heureux, heureux de nous libérer. Et aussitôt, comme une explosion de joie, tous les prisonniers, de toutes les nationalités d'Europe, se mirent à courir vers eux ; et tous pleurant de bonheur, nous nous sommes jetés au cou de nos libérateurs russes.

Jamais je n'oublierai ces hommes, leurs visages, leur état ; ils avaient dû combattre sans relâche, sans repos, depuis des mois et des mois. Et immédiatement, ils nous demandèrent à tous comment nous avions été traités, ce que nous voulions qu'ils fassent en représailles. Nous pouvions leur demander la vengeance que nous voulions, de faire fusiller sur-le-champ n'importe quel Allemand, selon notre seule volonté. Mais ma mère et moi, nous ne voulions qu'une seule chose : nous en aller, retourner vers la Pologne, où peut-être nous aurions une chance de retrouver vivants mon père et ma sœur.

Ma mère me prit par la main et alla se présenter au commandant russe, lui expliquant d'où nous venions et qui nous étions. Lorsqu'il nous demanda ce que nous souhaitions, ma mère lui répondit une charrue et un cheval pour pouvoir rejoindre une grande ville d'où nous pourrions peut-être trouver un train pour Varsovie. Le commandant nous promit de faire son possible.

Pendant ce temps-là, le village était la proie des Russes, les femmes allemandes servant je crois au repos de ces guerriers qui avaient une grande faim de tout...

Mais je tiens absolument à dire que les Russes se sont conduits envers nous et envers tous les prisonniers du village de façon vraiment admirable.

Le lendemain, une charrue et un cheval nous attendaient. Remerciant encore nos libérateurs, nous sommes vite parties avec d'autres gens, eux aussi de Pologne. En route, nous nous arrêtions pour la nuit dans des maisons abandonnées. Toutes ces demeures avaient été visiblement abandonnées à la va-vite. Elles étaient pleines de toutes sortes de choses, meubles, vêtements, parfois même des sacs entiers remplis d'argent. Ma mère et moi n'avions qu'une seule idée en tête : filer vite, le plus vite possible, essayer de retrouver notre famille. Nous avons pris le train à Leipzig. Des milliers de gens, tous ceux, survivants, rescapés, évadés, qui avaient échappé à la mort, s'entassaient dans les wagons, sur les toits ou sur les marchepieds.

10

Survivre seul en Pologne jusqu'à la fin de la guerre

Ceux qui n'avaient pas été envoyés en Allemagne retournèrent dans les baraques. Wacek m'apprit qu'au premier étage de l'une d'entre elles, on passait une visite médicale devant des médecins allemands. Les gens physiquement diminués par la maladie ou par l'âge restaient en Pologne. J'accompagnai Wacek pour voir comment cela se passait. Au bout d'un certain moment, il sortit de chez le médecin muni d'une feuille déclarant son inaptitude au travail. Par conséquent, il n'allait pas être envoyé en Allemagne. J'avais oublié de demander à Wacek de quoi il fallait se plaindre pour augmenter les chances d'obtenir un tel certificat. J'étais très maigre, j'avais une mine déplorable, mes yeux étaient détraqués : je me dis qu'au vu de mon état, je pouvais risquer d'aller voir le médecin. Lorsque mon tour est arrivé, je me suis trouvé en face d'un médecin allemand et d'une infirmière qui parlait le polonais. Je commençai à me déshabiller très vite. Elle me demanda de quoi je souffrais : « Je ne dors pas, j'ai des douleurs d'estomac et je vomis tout ce que je mange. » L'infirmière traduisit cela au médecin allemand. « Qu'il sorte tout de suite, dit le médecin, car s'il reste encore ici dix minutes, il va mourir. »

« Votre maladie n'est pas grave, m'expliqua l'infirmière, on ne peut pas vous dispenser. » Je sortis et, en descendant, une foule énorme se tourna vers moi et me demanda comment s'était passée la visite. Je racontai mon infortune à un type qui m'indiqua qu'après 3 heures de l'après-midi, un médecin polonais recevait les malades en compagnie d'un médecin allemand. Je ne quittais donc pas les lieux pour attendre ce médecin. Lorsque je réussis à le voir hors du cabinet médical, je lui expliquai que j'étais de Varsovie où j'avais été pris comme résistant. « Faites quelque chose, docteur, ils ont besoin de moi ici, en Pologne ou à Varsovie, non pas en Allemagne. » Je lui expliquai que le médecin allemand qui m'avait examiné n'avait pas voulu me dispenser. Il me demanda de quoi je m'étais plaint. « Ce n'est pas cela qu'il faut dire, m'affirma t-il. Dites que depuis cinq ou six ans vous êtes malade des poumons et que vous avez déjà été soigné dans des hôpitaux. » Vers 4 heures de l'après-midi, j'entrai à mon tour dans son cabinet. J'enlevai mon blouson et ma chemise. Le médecin polonais me posa des questions, me fit tousser, m'ausculta le dos, la poitrine et expliqua à l'Allemand que mon cas était grave. Tout de suite, il me signa un certificat d'inaptitude au travail. En sortant, je rencontrai Wacek accompagné d'une certaine Jadzia à qui je montrai la feuille. En voyant cela, Jadzia aussi monta voir le médecin et se fit dispenser à son tour. Le lendemain, nous sommes sortis des baraques pour prendre le train. La destination de notre voyage nous était inconnue. Dans le train, je ne retrouvai plus que Jadzia. Wacek et son épouse, la femme de Janek et son enfant avaient tous disparu dans ce train immense. Il traversa des campagnes et s'arrêta pour la première fois avant le Tomaszow Mazowiecki. Je descendis et essayai de savoir où nous étions et quelles étaient les possibilités d'évasion. Le train n'était pas tellement gardé. Je décidai de rester là et je retournai juste pour dire à Jadzia que je ne remonterai pas dans le train. « Est-ce que je peux rester avec vous ? » J'acceptais. Nous nous sommes éloignés lentement du train, avant de tomber nez à nez avec un gendarme allemand qui nous arrêta poliment : « Où allez-vous ? » « Manger chez ma mère », lui répondis-je en polonais. Jadzia voulut lui offrir une bouteille de Bimber (liqueur de sucre et de citron ou de céréales). « *Verbotten*, défendu », lui répond-il en faisant non de la tête. J'ouvris alors la bouteille et je bus un peu. Jadzia but à son tour et le gendarme allemand, en parfait homme de compagnie, ne refusa plus notre offre et se joignit à nous. Il voulut nous rendre la bouteille mais nous la lui laissâmes. Il nous expliqua quel était le chemin à emprunter, car il ne fallait pas en prendre un autre. On pouvait tomber sur ses camarades, ce qui n'était évidemment pas souhaitable. Nous marchâmes à travers champs, parcourant facilement 10 à 15 km avant de trouver les premières baraques de paysans. Nous étions environ à 5 km de Tomaszow Mazowiecki. Comme la nuit était déjà bien avancée, je m'adressai au premier paysan que nous rencontrâmes.

– Nous sommes très fatigués, nous venons de Varsovie, pouvez-vous nous loger pour la nuit ?

– Je ne peux loger qu'une seule personne, me répondit-il, je n'ai qu'une seule chambre, très petite d'ailleurs, où je couche moi-même, et je n'ai qu'un petit lit à mettre à votre disposition.

– Mais, c'est ma belle-sœur, je ne peux pas la laisser seule, son mari officier a été arrêté ; il ne s'agit que d'une ou deux nuits, nous ne resterons pas chez vous.

– Si vous voulez, me dit-il, vous pouvez dormir tous les deux.

Je me tournai vers Jadzia : « Tu veux rester, ou tu veux chercher ailleurs ? » « Je reste avec toi » me dit-elle. Nous sommes entrés dans la chambre. On nous a donné de la soupe et du pain.

J'ouvris une bouteille pour arroser l'événement. Le paysan, ainsi que sa fille et son gendre me trouvaient sympathique. Comme ils ne savaient pas grand-chose de la guerre, ni de la situation à Varsovie, je leur racontai tout cela avec pas mal d'exagération. Ils nous prirent très sincèrement en pitié. Après quoi, nous sommes allés nous coucher, car nous tombions de fatigue. Jadzia ne savait pas que j'étais juif ; elle savait seulement que je m'appelais Ignac Stankiewicz. Avant de se coucher, notre propriétaire s'était mis à genoux pour dire ses prières, je fis comme lui, mais je ne savais pas ce qu'il fallait faire. Sur ma poitrine, je portais une croix. Jadzia n'était pas croyante, mais je l'obligeai à se mettre à genoux pour ne pas déplaire à M. Kasperski, notre logeur. Malgré les nombreuses nuits passées par terre, les nombreux tours de Pruszkow que j'avais faits pour retrouver ma femme et ma fille, malgré tout ce poids de la fatigue, je ne fermai pas l'œil de la nuit.

Jadzia était plutôt bien, une grande blonde de 21 ou 22 ans. À l'époque, j'avais environ 34 ans. Le lendemain, au lever, on nous donna du bortsch avec des pommes de terre. À table, je commençai à parler avec la fille du propriétaire.

– Si je reste ici quelques jours, je pourrais peut-être vous rendre service, je sais coudre.

– On serait ravis, me dit la fille, mais nous n'avons pas de machine à coudre.

– Cela ne fait rien, même sans machine à coudre, je me débrouillerai.

J'ai pris une couverture et j'y coupai un pantalon. La fille me donna du fil et je mis quatre jours pour confectionner ce pantalon. « Si vous vous plaisez ici, me dit son père, vous pouvez rester, cela ne nous dérange pas du tout, vous êtes sympa, et votre belle-sœur aussi. »

Puisque nous dormions toujours ensemble dans le petit lit, je commençai à « me rapprocher » de ma belle-sœur. J'insistais. Mais elle ne voulait toujours pas céder.

La quatrième nuit, elle alla même jusqu'à me menacer : « Si tu n'arrêtes pas, je vais crier et réveiller le propriétaire. » Je recommençai à insister au milieu de la nuit, mais il n'y avait rien à faire. À vrai dire, je pense que ce qui gênait le plus Jadzia, c'est le fait que je ne lui aie jamais fait la cour. « Tu n'es pas gentil avec moi, me dit-elle un jour, tu es toujours comme cela avec les femmes ? » Je m'excusai, en lui disant qu'à partir du moment où elle avait accepté de dormir dans le même lit que moi, je pensais qu'il était normal que l'on ait des rapports sexuels au bout de quelques jours.

« Si je ne te fais pas la cour dans la journée, c'est parce que je connais ton mari (un ami de Janek), et que je ne vois vraiment pas l'utilité des promesses et des illusions. Je pense, au contraire, qu'il serait beaucoup plus vexant pour toi si je te laissais tranquille la nuit. »

L'armée polonaise avait incité les paysans à héberger des réfugiés chez eux. Mais elle leur avait également précisé que les personnes ainsi acceptées devraient se rendre utiles, en travaillant soit dans les champs, soit à la ferme. Jadzia, elle, ne faisait pratiquement rien et l'on n'avait rien osé lui demander à cause de moi. On m'estimait beaucoup et je travaillais pour deux. Tous les paysans des environs m'apportaient du travail. Ils me faisaient du pain brioché pour que je n'aie pas à manger du pain noir. Ils nous apportaient de la crème fraîche, des œufs, du beurre et divers produits.

Dix jours s'étaient écoulés depuis notre arrivée lorsque le propriétaire me demanda si Jadzia ne pourrait pas porter du lait pour les Allemands à Tomaszow (à 5 km de notre village). Trois fois par semaine, Jadzia alla donc porter une dizaine de litres de lait à Tomaszow. Chaque paysan avait l'obligation de fournir une certaine quantité de produits agricoles à l'occupant.

Jadzia n'avait qu'une seule robe et une seule chemise, tout comme moi d'ailleurs. Un soir, après avoir lavé ma chemise et la sienne, elle se coucha toute nue. Notre cinéma habituel recommença. « Cela ne se fait pas comme cela, me dit-elle, si tu continues, je réveille tout le monde. » Je ne voulais pas de scandale. Le propriétaire m'estimait et cette estime, je tenais à la garder. Depuis ce moment, je ne touchai plus jamais Jadzia, malgré les sept ou huit mois que nous avons passés ensemble.

Un jour, mon propriétaire me demanda si j'étais inscrit à la mairie pour obtenir ma carte de ravitaillement. Il me rappelait deux fois par jour qu'il fallait être déclaré. Je le savais bien, mais je n'étais en possession d'aucun document, ce que je ne pouvais pas lui avouer, car il m'aurait fait partir tout de suite. Jadzia, elle, avait des papiers. Je ne voulais pas lui dire la vérité. Cette histoire a duré trois semaines, si ce n'est plus, et chaque jour je lui promettais d'aller m'inscrire. Mais chaque matin, le problème se posait de nouveau. Il fallait faire quelque chose. Je me risquai à raconter un mensonge à Jadzia, avant qu'elle ne parte porter le lait à Tomaszow. Dans cette localité, il y avait un bureau pour les Polonais évacués de Varsovie. Il était possible de porter plainte contre les paysans qui hébergeaient les évacués. D'autre part, on pouvait passer gratuitement des annonces pour rechercher des membres de sa famille. « Tu vas aller dans ce bureau, dis-je à Jadzia, et tu vas mettre une annonce à mon nom : "Ignac Stankiewicz cherche sa femme Zofia Stankiewicz et leur fille Teresa". »

J'allai chez le curé du patelin. Il m'indiqua l'adresse de l'organiste qui devait faire des photos. Je remis à Jadzia les photos et les formulaires remplis, qu'elle porta au commissaire. Ce dernier envoya le constat de vol par témoin (Jadzia), ainsi que les papiers et les photos à la préfecture centrale dirigée par les Allemands. Pour le moment, j'étais en règle, mais huit jours plus tard, une lettre en allemand est arrivée de la Préfecture. On ne pouvait pas me fournir de carte d'identité (*Kennkarte*), par manque de formulaire indispensable pour ce genre de documents. Je devais donc m'adresser directement à la petite mairie du village, muni de cette lettre, de deux photos et accompagné de deux témoins. Le problème recommençait. Jadzia et un brave paysan, M. Kolodziejczyk acceptèrent de témoigner pour moi, moyennant un pantalon et une veste que je fis pour lui avec une couverture. Kolodziejczyk occupait une maison avec jardin appartenant à des Juifs qui avaient été déportés. J'ai souvent eu l'occasion de discuter avec lui, car il venait fréquemment chez mon propriétaire. Ce n'était pas un ami des Juifs. Lorsque les conversations portaient sur ce sujet, j'essayais toujours de les éviter en prétextant un mal quelconque. Il fallait vraiment bien simuler la maladie et être extrêmement vulnérable pour fuir toutes ces discussions. Une fois à la mairie, je signai des documents, ainsi que le passeport que j'obtins trois jours plus tard. Pour arroser l'événement, nous sommes entrés dans un petit bistrot où l'on but de la vodka accompagnée de saucisson. Sur le chemin du retour, alors que nous approchions déjà de la ferme, je vis un fiacre arrêté devant la maison de mon propriétaire. Ce fut un choc, et je m'arrêtai un moment, prétextant la fatigue. En réalité, j'avais peur que ce ne soit un gestapiste en civil, car je n'avais jamais vu un fiacre comme celui-là devant la maison. « On va vous attendre, me dit le paysan, allongez-vous dans l'herbe. »

Je commençai à réfléchir, mais je ne savais toujours pas quoi faire. En m'approchant de la maison, je vis quelqu'un me faire un signe de la main. Que pouvait bien vouloir dire ce signe ? Un homme seul marchait vers nous. C'était Janek. Nous sommes tombés dans les bras l'un de l'autre, tels deux frères qui se retrouvent après une longue absence. « Comment se fait-il que vous soyez ensemble ? » me dit Janek en voyant Jadzia, dont la présence à mes côtés l'étonnait fortement. Je lui expliquai notre aventure, et tout de suite je fis les présentations.

Janek expliqua à Jadzia qu'il résidait avec son mari à 50 km de là. Il avait appris mon adresse par l'annonce que Jadzia avait passée pour moi. Nous sommes entrés chez mon propriétaire. Janek, voyant sur la table ce que nous avions préparé, du jambon, des œufs, de la crème fraîche, se crut chez des millionnaires ou dans un château ! Je le présentai comme le mari de ma sœur. Puisque Janek comme Jadzia avaient des têtes bien polonaises, mes patrons ne pouvaient avoir aucun doute sur mes origines. Lorsque nous nous retrouvâmes seuls, je racontai à Janek ma vie dans le patelin, le travail que je faisais, mes rapports avec Jadzia. Il exprima le désir de rester avec moi et suggéra d'envoyer Jadzia là où se trouvait son mari et toute sa famille. Celle-ci n'avait pas l'air très enthousiasmée par ce changement ; elle acceptait seulement à condition que nous partions avec elle. C'est alors que la fille du propriétaire me prit à part et me dit : « Vous êtes bien ici, restez. Là-bas, plus près de Varsovie, la vie est certainement plus dure. » Jadzia n'était pas contente du tout et refusait toujours de partir toute seule. Mais lorsqu'elle compris que personne ne l'accompagnerait, elle partit avec le fiacre. Janek resta, avec l'assentiment général. En la quittant, j'avais dit à Jadzia de passer sous silence son séjour avec moi ; son mari pourrait s'imaginer des choses qui n'avaient pas eu lieu. Même Janek avait des soupçons à ce sujet-là, mais je lui avais raconté toute la vérité ; je pense qu'il m'a cru. Je n'ai jamais voulu aller plus loin (avec Jadzia) sachant qu'elle avait des sentiments anti-juifs. J'ai eu peur qu'elle ne découvre mes vraies origines. Jadzia n'a jamais su qui j'étais.

Janek est donc resté avec moi. Chaque semaine, il consacrait trois ou quatre jours à voyager. Il cherchait sa femme et la mienne par la même occasion. Il allait dans les mairies et les bureaux comme celui de Tomaszow. Cela a duré pendant plusieurs semaines. En travaillant, je gagnais un peu d'argent et j'en donnais à Janek pour qu'il puisse se nourrir au cours de ses tournées. Un soir, il est revenu avec un paquet sous les bras, c'était sa fille. Il avait aussi retrouvé sa femme. Elle m'aimait bien et était déjà au courant de tout. Janek avait des problèmes pour les loger. J'allai avec lui chez mon témoin, M. Kolodziejczyk, qui disposait d'une grande maison.

– M. Kolodziejczyk, je suis prêt à payer le prix que vous demanderez, si vous mettez une pièce à notre disposition. »

– Vous pouvez emménager tout de suite », me dit-il, et il nous montra une très grande chambre avec trois lits, dont un pour la fille de Janek, et deux fenêtres qui donnaient sur le jardin. Comme nous n'avions pas beaucoup de choses à transporter, le déménagement fut rapide. Mon propriétaire regretta sincèrement ce changement de domicile, mais nous sommes tout de même restés de bons amis. C'était un brave, vieux veuf et je passais chez lui assez souvent. Mes visites, visiblement, lui procuraient beaucoup de plaisir. Chez M. Kolodziejczyk, j'avais davantage de place pour travailler et nous ne manquions de rien ; on m'apportait absolument tout ce que je demandais : poulet, dinde, crème fraîche, farine…

Janek, lui, continuait à voyager et à rechercher mon

épouse. Chaque fois qu'il revenait, il nous regardait sa femme et moi avec un regard jaloux, s'imaginant des choses qui n'existaient pas.

Un jour, nous reçûmes une lettre de la mairie précisant que tous les hommes valides avaient l'obligation d'aller travailler pour les Allemands dans la forêt. Il fallait aller couper du bois, construire des fortifications souterraines en béton à 10 km de Tomaszow et construire des barrages sur le lac Pilica. J'allai immédiatement chez le maire du village pour me faire dispenser de cette corvée. Je lui dis que j'étais malade, que j'avais toute une famille à nourrir, et que, ayant été prisonnier, j'avais déjà assez travaillé pour les Allemands. « Les paysans d'ici n'ont pas travaillé, n'ont rien perdu, c'est plutôt leur tour que le nôtre. » En disant cela, je le menaçais légèrement en lui faisant comprendre que nous étions de la Résistance. « Si mon beau-frère voyage, ce n'est pas pour son plaisir, cela veut dire qu'on a besoin de lui. »

Le maire accepta, bon gré mal gré, de me dispenser de ce travail. Mais Janek ? Pendant une semaine, il dut couper du bois dans une scierie. Pour y être à 6 heures du matin, l'heure à laquelle commençait le travail, il fallait sortir de la maison à 5 heures. C'était extrêmement désagréable pour moi de le voir partir pour ce dur labeur alors que moi, je restais avec sa femme. Et puis je m'en voulais un peu d'avoir réussi à me faire dispenser et de ne pas en avoir fait autant pour lui. Un matin, m'étant levé très tôt, j'empêchai Janek d'aller travailler et allai voir le maire à son domicile. Élevant un peu la voix, je lui déclarai que Janek n'irait plus travailler : « Vous pouvez envoyer à sa place quelqu'un d'autre qui lui n'a pas connu la guerre. Je suis venu vous le dire, car je n'aimerais pas qu'il vous arrive quelque chose de déplaisant » – Parfois, les résistants s'emparaient des vaches, des cochons et du bétail des paysans. Le maire s'efforça de m'expliquer que les ordres n'émanaient pas de lui, mais des Allemands ! Ils savaient exactement qui se trouvait dans le village, car nous avions été enregistrés au moment de la distribution des cartes de ravitaillement. Le maire, à qui visiblement mes menaces faisaient peur, me promit qu'il allait arranger cette affaire. Il alla jusqu'à m'offrir du Bimber et un café. « Vous pouvez être tranquille pour votre beau-frère », me dit-il, et effectivement, Janek ne retourna plus jamais travailler. Il continua cependant pendant quinze jours à parcourir la Pologne à la recherche de ma femme. J'espérais que, tout comme moi, elle s'était évadée pour ne pas aller en Allemagne.

Noël arriva. En Pologne, cette tradition est respectée certainement plus que partout ailleurs avec un acharnement fanatique. Pendant la guerre et malgré les mauvaises conditions de vie, la population faisait l'impossible pour que la table de Noël soit riche. Nous aussi, avec M. Kolodziejczyk, nous avions préparé ce qu'il fallait, à savoir neuf plats différents, un arbre de Noël et une table décorée. La place d'honneur m'était réservée. Le temps de chanter les cantiques de Noël arriva et c'est moi qui devais donner le ton. Au lieu de chanter, inutile de dire que je ne connaissais pas ces chansons, je me suis mis à pleurer en me jetant sur mon lit. « Ce sont les premières fêtes sans ma famille », dis-je en sanglotant. La femme de Janek et la patronne se mirent également à pleurer. Je n'ai rien mangé de la soirée. Vers 23 h 30, tout le monde se prépara pour aller à la messe de minuit, sauf la femme de Janek qui resta à cause du bébé. C'est elle qui d'ailleurs insista pour que j'y aille et qui m'expliqua en long et en large comment il fallait réagir. Elle me donna également un livre de prières. Une fois à l'église, je me mis au milieu, debout. Tout le monde m'observait. Après les prières, nous avons eu droit au sermon du curé. Ce dernier affirma qu'il fallait prier le bon Dieu pour qu'il n'arrive pas aux Polonais ce qui était arrivé aux Juifs. Il le dit d'une façon détournée, à cause des Allemands qui se trouvaient dans l'assistance. À ce moment-là, j'eus envie de crier que les Juifs avaient péché autant que n'importe quel autre peuple. J'avais également envie de demander si le massacre des curés et des bonnes sœurs polonaises à Katyn était lui aussi justice rendue par le bon Dieu ; avaient-ils péché, eux aussi ? En fin de compte, je me retins, mais les paroles du curé sont restées gravées dans ma mémoire pendant plusieurs jours. Une fois la messe terminée, nous sommes retournés ensemble à la maison. Personne ne s'était douté de mes origines, sinon il m'aurait été impossible de rester dans cette campagne.

Nous étions déjà en janvier 1945. Un jour, vers

6 heures du matin, mon propriétaire, l'air désespéré, entra brusquement dans ma chambre : « Quel grand malheur, les Russes sont chez nous. »

En toute hâte, je mis mes chaussures en oubliant mes chaussettes. À moitié habillé, je courus sur la route où je vis, à ma grande joie, des soldats russes montés sur des chevaux. C'étaient des Cosaques qui cherchaient partout des Allemands et qui avaient déjà intercepté une trentaine de SS, dont un officier. J'arrachai leurs casquettes et je commençai à frapper les Allemands. Les Russes souriaient. Je frappais tous les SS, et quand le tour de l'officier vint, il se mit à gueuler : « Je suis un prisonnier de guerre, et vous n'avez aucun droit sur moi. » Malgré son statut de prisonnier de guerre, il eut sa dose. Je ne laissai passer personne. Sur mon chemin, je rencontrai la famille de mon premier propriétaire et beaucoup d'autres. Tous avaient vu de quelle façon je m'étais comporté avec les Allemands. « Que faites-vous, vous êtes devenu fou ? » me dit le gendre de mon premier propriétaire. « Si tu connais si bien les Allemands, si tu sais ce qu'ils représentent, tu devrais m'aider ! », lui répondis-je.

Au moment où je « m'occupais » de l'officier, alors que je lui distribuais des coups de pied à gauche et à droite, un soldat russe me cria : « Ce n'est ni avec les mains ni avec les pieds qu'il faut le frapper. » Les Allemands le ramassèrent. Les Russes avaient l'air satisfaits. Ils se dirigèrent par la suite vers le siège de l'état-major russe.

Je retournai alors à la maison. Mon propriétaire avait

déjà eu le temps d'apprendre ce que j'avais fait aux Allemands. Janek était alors en déplacement. Sa femme me mit des compresses d'eau froide sur ma main enflée à cause de tous les coups que j'avais distribués. Janek est arrivé deux jours plus tard, juste avant que les Russes n'occupent complètement le patelin. Le quatrième jour de cette occupation, l'épouse de mon patron m'appela vers 22 heures. Elle avait remarqué par la fenêtre de la cuisine une ombre dans la neige. Son mari et moi regardions alors au loin. Nous avons vu deux silhouettes marchant bras en l'air. Les deux types s'approchaient très lentement de notre fenêtre ; ils demandèrent un peu de café ou de l'eau chaude. C'étaient des soldats allemands qui n'avaient rien mangé depuis quatre jours. « Enlevez vos ceintures et jetez vos pistolets », dis-je. Janek et moi étions d'accord sur le sort qu'il fallait leur réserver, et nous avions même préparé des haches. Mais le patron et la femme de Janek nous demandèrent de ne pas ouvrir la porte, car cela pouvait être dangereux. Ils pouvaient avoir d'autres pistolets bien cachés. À cette époque, je ne croyais plus au danger mais je ne voulais contredire ni mon patron ni la femme de Janek. J'indiquai donc aux Allemands une cabane qui se trouvait à trois mètres de notre porte, et je leur demandai de s'y rendre. « C'est là qu'on va vous apporter le café. » Une fois entrés dans la cabane, je bloquai la porte derrière eux. Je ramassai les deux ceintures avec les revolvers et j'envoyai Janek chercher les Russes. Dix minutes après, trois autres Allemands se sont approchés de la maison de la même manière que les deux précédents et nous avons employé le même procédé. Vingt minutes plus tard, les Russes sont arrivés à six. Je suis allé vers la cabane et j'ai ouvert la porte en criant « voilà votre café ! ». Les cinq Allemands sortirent. Les Russes ont commencé à chercher sur eux les montres et les revolvers. Ils ont pris les montres et nous ont réclamé les revolvers. J'en ai rendu trois. Les Russes me réclamaient les deux autres, mais je ne voulais pas les rendre. « Nous sommes trois ici, dis-je, et tout danger n'est pas encore écarté. Je vous donne les cinq pistolets si on les descend tout de suite, et même une bouteille de vodka si vous me laissez les exécuter sur place. »

« Nous n'avons pas le droit de faire ça, il faut les ramener d'abord à l'état-major pour en tirer les informations qui peuvent être utiles, et après ça, on pourra peut-être s'arranger. » Je les accompagnai au siège de l'état-major où je m'expliquais avec l'officier lui-même, un peu en polonais et un peu en russe. Je lui racontai comment on avait capturé les Allemands et comment je les avais désarmés. Les six soldats russes lui avaient fait part du marché que je proposais. L'officier rigola et me répéta ce que je savais déjà, ils avaient besoin de ces Allemands pour toutes sortes d'informations. « De toute façon, ne vous inquiétez pas, me dit-il, ils auront leur compte, que ça soit de ma main ou de la vôtre. »

Un jour, mon patron m'annonça qu'il y avait un bourg à environ 2 km de notre village où il n'y avait que des Allemands qui vivaient dans les trois ou quatre fermes très importantes. J'en avais déjà entendu parler, mais je n'avais jamais eu l'occasion de m'y rendre. Un matin, Janek et moi, sans rien dire à personne, sommes allés visiter ces fermes avec nos deux revolvers. Nous avons aperçu d'abord une grande ferme. Une vieille femme seule vint à notre rencontre. Je lui demandai où se trouvaient les patrons. Elle me répondit en allemand qu'ils étaient partis Dieu sait où, qu'elle était leur bonne et qu'ils n'avaient pas voulu l'emmener avec eux car elle était trop vieille. Je fouillai la maison et la ferme avec beaucoup d'acharnement. Nous avions fait partir la vieille femme et j'ai tout de suite chargé un sac avec dix poules. J'ai sorti une vache de l'étable que j'ai donnée à mon premier patron, un paysan particulièrement pauvre, un métayer. Il était très heureux et très surpris, et savait à peine s'il devait accepter ou refuser ce cadeau.

« J'en prends toute la responsabilité, j'occupe la ferme et par conséquent, elle m'appartient. » Il a accepté. La ferme que nous avions occupée avec Janek était particulièrement riche, il y avait plusieurs vaches, un étang avec des poissons, cinquante poules, des dindes, des vachettes… La même journée, nous avons déménagé tous les trois pour habiter dans cette ferme. Tous les jours, les Russes étaient de plus en plus nombreux. Un officier supérieur de l'Armée rouge, âgé d'une soixantaine d'années, dont les cheveux étaient déjà gris, vint avec d'autres militaires et nous demanda si nous pouvions loger des soldats russes. J'étais ravi ; la maison était très grande et nous n'étions que trois. Cet officier s'appelait Levi et, comme son nom l'indique, il était juif. Nous sommes restés environ trois heures à discuter et à pleurer ensemble sur le malheur des Juifs. Je lui racontai tout ce qui m'était arrivé pendant la guerre. Il me présenta un de ses supérieurs. Tous les deux, voyant que je portais sur moi un revolver, m'ont accordé une autorisation temporaire de port d'arme. Nous avons tout de suite tué une vachette et organisé un grand festin. Les soldats russes, ainsi que leurs supérieurs, sont restés presque une huitaine de jours dans « notre » ferme. Le lendemain de leur arrivée, je pris une charrette et allai à Tomaszow, où un comité juif avait eu le temps de s'organiser et d'accueillir les Juifs revenus de plusieurs endroits. Je m'inscrivis à ce comité, pensant pouvoir retrouver ainsi, par son intermédiaire, les membres de ma famille et mes amis.

Cette guerre, en ce qui concerne les Juifs tout au moins, avait enlevé à chacun de ceux que je rencontrai là-bas des êtres proches. Je fis la connaissance d'une jeune femme qui avait travaillé dans la cuisine d'un camp. Elle avait vingt ans et avait perdu son mari et son enfant. Originaire de Tomaszow, elle habitait Varsovie au moment de la déportation, mais ses parents avaient été déportés de Tomaszow. C'est donc là qu'elle était revenue une fois libérée pour apprendre que toute sa famille avait été déportée et massacrée. Je lui proposai de l'emmener sur ma charrette à Varsovie. Elle était ravie ; les trains ne circulaient pas encore et les chemins de fer étaient entièrement dévastés. Rendez-vous le lendemain à 5 heures du matin. Il fallait compter un jour et demi pour arriver à destination. « Venez chez moi ce soir, m'a-t-elle dit, nous mangerons ensemble, et demain matin, nous partirons de chez moi. »

Je retournai à la ferme pour prévenir Janek et pour lui suggérer de venir avec nous, car lui aussi voulait aller à Varsovie. Il devait me rejoindre le lendemain à 6 heures du matin chez la jeune femme juive.

11

À la recherche des survivants

Une fois à Varsovie, cette jeune femme et moi sommes allés nous inscrire au Comité juif, mais ni elle ni moi ne trouvions de survivants de notre famille. Elle rencontra un voisin de la rue Twarda où elle habitait à Varsovie avant la guerre. Il avait perdu sa femme et ses enfants et était resté en vie grâce à des Polonais qui l'avaient caché. J'ai même l'impression qu'ils sont restés ensemble, car je les ai revus plus tard tous les deux à Tomaszow. Au Comité, je rencontrais M. Szwarcberg. Que pouvions-nous faire d'autre, sinon être heureux de nous revoir et nous raconter nos malheurs réciproques ? Après avoir raconté ce qui était arrivé à Nathalie, je constatai que sa situation était à peu près analogue.

Son petit garçon, Marc, né dans le ghetto, avait été abandonné alors qu'il avait à peine six semaines. C'est à cette époque que ses parents s'étaient enfuis du ghetto. Ils n'avaient d'autre solution que de le laisser dans la porte cochère d'un orphelinat gardé par les bonnes sœurs, avec un écriteau portant son nom et précisant qu'il n'avait pas encore été baptisé. Presque tous les enfants de cet orphelinat, situé sur la rive droite de Varsovie, sont morts à la suite d'épidémies de rougeole et autres maladies provoquées par la faim et les conditions sanitaires déplorables. Marc a eu la chance d'être adopté par une femme qui ne pouvait pas avoir d'enfants, et qui, étant *Volksdeutsch*, avait suffisamment d'argent pour se payer ce luxe. Une fois la guerre terminée, la femme de M. Szwarcberg a parcouru la Pologne de long en large à la recherche de son fils. La mère adoptive avait pendant ce temps-là déménagé plusieurs fois et s'apprêtait à quitter la Pologne, car elle redoutait ce qui devait arriver, que les parents soient en vie et qu'ils réclament leur enfant. Une fois retrouvée, habitant à la frontière allemande, elle ne voulut pas rendre Marc, et l'affaire dut être tranchée par le tribunal. La mère adoptive plaidant son cas devant le juge argumenta que les parents qui abandonnent leurs enfants ne sont pas dignes d'en avoir, ni de les élever. Je pense qu'il est inutile d'insister sur les conditions dans lesquelles Marc avait été abandonné, et sur le fait que ces conditions justifiaient largement son abandon. Le tribunal en a tenu compte et le rendit à sa mère. Marc est aujourd'hui marié et vit à Paris.

M. Szwarcberg m'a raconté un autre élément extrêmement douloureux de sa vie pendant la guerre. Avec sa famille, sa femme, sa sœur, son frère et sa mère, il avait construit un bunker, une sorte de cachette dans les environs de Jablonna à 18 km de Varsovie. Cette cachette se trouvait dans la forêt de Rajsewa. En mars 1944, peu avant la fin de la guerre, M. Szwarcberg, sa femme et son frère, allèrent travailler chez des paysans qui habitaient le village, près de la forêt. En échange de ce travail, on leur donnait un peu de pain et quelques sous. Un matin, les Allemands ont fait des rafles et un Polonais dénommé Gronek leur raconta qu'une famille juive se cachait dans la forêt. La sœur de M. Szwarcberg a refusé de sortir du bunker, ne voulant pas abandonner sa mère. C'est alors que les Allemands y ont jeté un obus. Les Allemands n'ont trouvé qu'une pomme de terre dans le bunker et ont dit aux Polonais que seuls les Juifs peuvent survivre dans de telles conditions. La mère de M. Szwarcberg avait quelques sous dans une petite bourse accrochée à son genou. Son dernier réflexe a été de sortir le genou afin que son fils puisse récupérer cet argent.

Après cette rencontre, je retrouvai Janek. Je lui dis que j'allais voir si Komorowski, celui qui m'avait donné aux Allemands, était toujours vivant. Janek voulait m'accompagner, car il savait que j'avais une arme sur moi. Nous sommes arrivés devant la maison de Komorowski, rue de Sewerynow et c'est là que Janek m'a supplié de ne pas faire de bêtises. Nous sommes allés sonner chez Komorowski. C'est sa femme qui nous a ouvert la porte. En me voyant, elle s'est évanouie. J'ai commencé à courir tel un fou d'une pièce à l'autre. Janek était toujours derrière moi. Komorowski, lui, était absent. J'ai serré la gorge de sa femme : « Où est-il ? » « Il est absent, répondit-elle, il sera de retour dans quelques jours. »

Nous sommes sortis pour aller faire une déclaration au bureau de sécurité, sorte de police secrète. Le type à qui nous avons fait la déposition a sauté de joie. Puis, accompagnés de quatre agents de cette police secrète, nous sommes allés d'abord chez la concierge et ensuite dans l'appartement de Komorowski. J'ai déclaré tout ce que j'avais laissé chez lui et tout a été retrouvé dans une sorte de cachette camouflée dans un placard à provisions. Tout y était au grand complet : les fourrures, les peaux, les renards, mes affaires personnelles… Les policiers ont confisqué tout cela. Nous sommes tous allés à Praga, l'un des quartiers de Varsovie, au n° 4 de la rue Zabkowska où Komorowski avait une joaillerie. Nous n'y avons trouvé que son vendeur. Au bout de quelques minutes quelqu'un est entré, mais voyant la police il s'est rapidement éclipsé. Ayant remarqué cela, sans savoir qui c'était, je me suis précipité dans la rue, les agents de police derrière moi. C'était bien Komorowski !

La police l'a arrêté, et il a été conduit en prison. L'instruction a commencé, et quelques semaines plus tard, j'ai été convoqué au commissariat de police. Un militaire de rang élevé est venu parler en faveur de Komorowski. Au bout d'un mois, on lui a accordé la liberté provisoire. J'avais trois témoins en ma faveur : M. X, le concierge du n° 19 de la rue Swietokrzyska qui était dans la rue au moment où Komorowski m'avait poussé dans le fiacre, et enfin le troisième, M. Podgorski, qui lui avait porté mes affaires et mes marchandises chez Komorowski. Le premier procès a eu lieu à Praga, où mes témoins ont déposé devant le tribunal de première instance. Le juge m'a posé des questions et m'a dit : « Réfléchissez bien, vous savez ce qui l'attend, votre déposition est extrêmement grave. »

Ce que Komorowski m'avait fait lui paraissait quasiment impossible. J'avais d'ailleurs une très nette impression que le juge penchait en sa faveur. Pendant un long moment, je suis resté muet, la question du juge m'avait tellement énervé que je n'ai pas pu répondre. « Alors, Monsieur Stankiewicz, est-ce que vous avez réfléchi ? » J'ai répondu : « Oui, Monsieur », sans ajouter « le juge ».

– Ah, me dit-il, c'est bien, faites votre déposition.

– J'ai réfléchi, dis-je, et j'ai réalisé que toute la Pologne a été bombardée, sauf ceux qui avaient du piston ou des relations.

– Si vous continuez, vous serez inculpé pour outrage à magistrat.

– Ça m'est égal, vous pouvez même m'exécuter à la place de Komorowski si vous voulez !

Dans la salle, il y a eu un chahut général et la séance a été levée. Komorowski a été reconduit en prison. À cette époque, j'habitais à Dantzig. Je venais à Varsovie environ deux fois par semaine, d'abord pour cette affaire, et ensuite pour mes achats. Mes fournisseurs se trouvaient tous à Praga, dans le quartier et dans la rue où Komorowski avait son magasin. Un matin, sortant de chez un de mes fournisseurs, je vis Komorowski dans la porte cochère. Il était seul et me guettait. Il était de nouveau en liberté provisoire. Je l'ai menacé avec une arme, j'avais obtenu un permis de port d'armes définitif.

« Il n'y a pas de prix trop élevé, me dit-il, je vous donne la somme tout de suite, après tout, tout le monde peut faire des bêtises une fois dans sa vie. » Je suis resté à environ quatre mètres de lui et je lui ai répondu que je donnerais deux fois plus s'il pouvait être pendu devant mes yeux.

L'affaire Komorowski n'en finissait plus. Un ancien client et ami à moi, journaliste à l'Agence polonaise de presse (PAP), connaissait toute cette histoire. Il était présent à la première audience et était désolé de voir cette affaire traîner comme cela. Je lui dis une fois que je regrettais profondément de ne pas avoir rendu justice moi-même. Je n'aurais jamais pu supposer, lui non plus d'ailleurs, qu'on pouvait avoir des scrupules avec un type comme Komorowski. Un jour, profitant de mon séjour à Varsovie, j'allai le voir pour chercher conseil.

– Que dois-je faire, dois-je prendre un autre avocat ?

– Cela ne servira à rien, m'a-t-il répondu, je vais vous écrire des lettres, a-t-il ajouté, mais il ne faudra pas qu'on sache qui les a écrites.

Il me faisait confiance. Ses lettres étaient de véritables feuilletons de plusieurs dizaines de pages, qu'on a envoyées à Bierut, à l'époque président de la République. Ces lettres furent expédiées au ministre de la Justice et aux instances supérieures de la Police. Je ne me souviens plus exactement, mais je crois qu'environ quarante-huit heures après, Komorowski était de nouveau sous les verrous.

Pendant ce temps-là, j'avais non seulement obtenu mon passeport avec le visa pour la France, mais j'étais assez dégoûté par toutes ces démarches, par la lenteur et la mauvaise foi de la justice polonaise. En arrivant en France, je suis tombé très malade. J'allais d'hôpital en hôpital, de clinique en clinique. J'ai même été opéré d'urgence. Je n'ai pas eu la tête, la santé, et les possibilités pour prendre un avocat à Paris qui s'occuperait de l'affaire Komorowski à Varsovie. Par lettre, j'ai appris que ce dernier avait été libéré deux ou trois ans après mon départ. Voilà la justice rendue à cette époque ! J'ai su plus tard que certains témoins avaient été achetés, mais que faire de loin ?

Après avoir arrêté Komorowski à Varsovie, je suis allé dans le couvent de Gora Kalwaria pour savoir ce qu'était devenue Nathalie. On m'a répondu que les enfants avaient été envoyés très loin pour échapper aux bombardements allemands et qu'ils seraient de retour pour Pâques. En attendant, je cherchais des amis. J'ai rencontré le journaliste Pisarski, qui plus tard, devait m'écrire les fameuses lettres. C'était un type chic et honnête et il était très heureux de me voir. Il m'a même demandé pourquoi je n'étais jamais allé le voir lorsque j'étais en difficulté. Après avoir écouté l'histoire de mes deux déportations et celle de Nathalie abandonnée dans un jardin, il m'a proposé de me présenter à un journaliste américain (un ami qu'il s'était fait aux États-Unis lors d'un séjour avant la guerre), de passage en Pologne pour faire un reportage. Il me dit qu'en racontant mon histoire à ce journaliste, je pourrais gagner beaucoup d'argent. Je l'ai très sincèrement remercié, mais je n'ai pas voulu faire la connaissance de ce journaliste, je ne voulais pas faire de l'argent avec mes malheurs, même si à cette époque je n'avais pas un sou en poche. J'étais un vrai clochard, portant mon unique pantalon fait à la campagne avec une vieille couverture. Pisarski voulut connaître la raison de mon refus. « Je n'ai besoin de rien, lui dis-je, pas de famille, personne, alors pour quoi faire ? » On en est resté là.

Un jour, j'ai eu l'occasion de le croiser à nouveau. Il m'a à nouveau demandé la raison de ce refus. « Nous avons tellement compté sur les Américains que nous avons été terriblement déçus. »

Lorsque la guerre a éclaté, il y avait en Amérique quatre millions d'Allemands. Si les Américains avaient voulu exercer une pression sur l'Allemagne et faire quelque chose pour les Juifs, ils avaient tous les moyens pour.

Nous nous sommes revus assez souvent par la suite pendant la période qui précéda mon départ pour la France. Je suis retourné à la campagne dans la ferme que nous avions occupée, et dans laquelle Janek était resté avec sa femme. Pendant mon absence, ils avaient été ennuyés par le maire du village et par les paysans qui tous les jours volaient quelque chose. Je fus convoqué chez le maire.

– De quel droit avez-vous occupé la ferme ? me demanda-t-il.

– De tel droit, que nous autres, Polonais de Varsovie, nous avons tout perdu, j'ai certainement plus de droits sur cette ferme que tous les autres paysans. Vous, on ne vous a rien pris, et vous n'avez même pas vu la guerre, et je ne quitterai pas cette ferme, que cela vous plaise ou non !

Les paysans des environs étaient jaloux de notre ferme, et ils nous importunaient de façon systématique. Janek et sa femme me dirent qu'ils voulaient partir pour aller chez ses beaux-parents qui vivaient à Poznan. Un jour, ils partirent. Je restai tout seul ! Je décidai de quitter définitivement la ferme et d'aller à Varsovie. Pâques approchait, et je devais récupérer Nathalie. Avant, cependant, j'allai au Comité juif pour demander des conseils : « Que dois-je faire de ma fille, si je la reprends, je n'ai pas de logis ? »

Le rabbin de l'état-major qui s'occupait du Comité m'a répondu qu'il y avait une maison pour enfants à Otwock. On m'a donné une couverture, car nous étions en avril et il faisait encore assez froid. On me donna également une paire de chaussures pour Nathalie. Je suis allé à pied à Gora Kalwaria. À l'époque, les trains ne roulaient quasiment pas ou très irrégulièrement. Gora Kalwaria se trouvait à 50 km de Varsovie. J'ai mis presque une journée entière pour y aller. J'ai passé la nuit dans une petite auberge et le matin je suis allé au couvent chercher ma fille.

On m'a donné Nathalie sans rien me demander, sans rien me dire, telle que le bon Dieu l'avait créée, toute nue. Je l'ai enveloppée dans la couverture et je lui ai demandé si elle voulait bien venir avec moi. Je ne l'avais pas vue depuis plus de deux ans et je ne voulais pas la brusquer, mais sans me répondre vraiment elle a secoué affirmativement la tête. Je portais Nathalie dans mes bras. Au bout de presque 6 km, je me suis accroché les pieds dans la couverture et je suis tombé avec ma fille. Je l'ai portée encore au moins 15 km avant de trouver un chariot. Arrivé à Varsovie tard dans la nuit, je suis allé chez un type que je connaissais et qui travaillait au bazar de la rue Zabkowska. Nous avons dormi à même le sol. À l'époque, Nathalie n'avait que cinq ans. Le lendemain matin, je l'ai emmenée à Otwock. Je suis retourné à Varsovie pour y chercher un logis. J'étais très malade et je tombais de fatigue. Je suis allé au n° 43 de la rue Tamka pour voir si j'y trouvais une de mes connaissances. J'y rencontrai Podgorski et Mlle Fidler (qui avait alors une soixantaine d'années) et qui habitait avec Podgorski. Je suis resté chez eux au moins trois semaines, dont l'une complètement allongé. Le médecin est venu et il a diagnostiqué une maladie de nerfs. Nous habitions tous dans la même pièce ; il n'était pas question de rester davantage. J'ai recommencé à chercher un logement. En attendant, je suis retourné chez le boucher du bazar de la rue Zabkowska, et j'y suis resté pendant pas mal de temps. Un beau jour, alors que nous étions réunis avec des amis, quelqu'un frappa à la porte. C'était ma femme avec

Renia ! Elles étaient passées chez Podgorski et c'est lui qui leur avait donné mon adresse. Vous imaginez l'immense joie que j'ai éprouvée en retrouvant mon épouse et Renia. La première chose qu'elles m'ont demandée, c'était des nouvelles de Nathalie. À vrai dire, pendant un mois, malade et couché, je n'avais pas été la voir, mais ensuite, j'allais à Otwock tous les trois, quatre jours.

*

Dès notre retour à Varsovie, ma mère courut chez des amis polonais, notre ancien concierge (qui m'avait confiée à ses parents à la campagne). Là, nous avons appris, sans vraiment pouvoir le croire, que mon père était vivant, et qu'en plus, il avait déjà retrouvé ma petite sœur à l'orphelinat de Varsovie. Quatre personnes de la même famille, toutes réunies, en vie, après le ghetto, après ces cinq atroces années, après cette longue et abominable chasse aux Juifs, c'était un miracle. Aucun autre membre de notre famille en Pologne n'a survécu. Personne.

Plus tard, quand les gens ont commencé à nous demander ce qui s'était passé en Pologne, dans le ghetto, dans les campagnes, et bien sûr dans les camps, nous escamotions beaucoup la vérité. Nous avions peur de ne pas être crus. C'est aussi pour ça qu'aujourd'hui, tous ces souvenirs, tous ces détails dont je vous parle, il me semble ne pas les avoir entendus ailleurs.

À la fin de la guerre en 1945, le frère de mon père qui vivait en France, a commencé à rechercher notre trace. Il a fini par nous retrouver, mais nous avons tout de même passé les deux années suivantes en Pologne. Deux ans pendant lesquels nous nous sommes fait passer pour catholiques, car à Varsovie, l'antisémitisme continuait.

*

Ma femme et Renia, pour leur première nuit, ont couché à même le sol. Le lendemain, nous avons rendu visite à Nathalie, puis nous sommes allés à Cracovie, à Lodz, à Gydnia, et à Gdansk où nous avons habité pendant environ un mois. En fin de compte, nous avons trouvé un logement décent avec l'aide de la police « russo-polonaise », moyennant bien sûr un petit cadeau de lard et de vodka. Pour nous installer, les policiers ont délogé deux femmes allemandes, sans doute des épouses d'officier. L'une d'elles a ensuite travaillé chez nous comme bonne à tout faire.

Il fallait bien sûr travailler. Nous avons construit une sorte de kiosque en face des halles de Gdansk, en partie démolies par les bombardements. Je suis alors retourné à Otwock pour y récupérer Nathalie puis à Varsovie pour y chercher la marchandise nécessaire pour notre petite cabane. En fouillant un peu chez tous les charcutiers grossistes, j'ai pu accumuler 200 kilos de marchandises. Nathalie était chez les Podgorski pour la journée. Une fois la marchandise emballée dans des paniers à linge et chargée sur un fiacre, Nathalie et moi avons pris le train pour Gdansk dans la soirée. Lorsque les gens ont vu la marchandise arriver au kiosque, il s'est formé une queue fabuleuse. Nous avons fait alors la vente en gros et en demi-gros pour les patrons de bistrots. En moins de deux heures, le kiosque était à nouveau vide, toute la marchandise était partie et tout le monde n'avait pas été servi. Dans la même journée, ma femme a pris le train pour Varsovie. Elle a pu ramener plus de marchandise le lendemain. La queue se renouvela. Je repartis pour Varsovie, il nous fallait toujours plus de marchandise et nos fournisseurs se multipliaient. Nous nous relayions ma femme et moi pour l'approvisionnement. Lorsque les halles furent nettoyées et remises sur pied, j'obtins de la mairie un stand de 6 mètres avec une chambre froide au sous-sol, accordée grâce à un nouveau don de charcuterie et de vodka à un responsable. Beaucoup de choses fonctionnaient alors avec ce système de cadeaux de nourritures. Beaucoup de commerçants des halles jalousaient la queue qui s'allongeait quotidiennement devant chez nous. Ils ne savaient pas bien sûr que nous étions juifs. La bonne à tout faire allemande travaillant chez nous, ignorant également que nous étions juifs, nous amena nombre de ses amis. Très vite, ils devinrent de bons clients et une certaine confiance s'établit entre nous. Au bout de quelque temps, ils apportèrent au stand et même chez nous, des bijoux à vendre, assurant que toutes ces valeurs leur restaient d'avant la guerre. Je fis semblant de les croire. Un ami bijoutier examina certaines de ces pierres et m'assura de leur valeur. Je me rendis chez certains vendeurs pour m'assurer qu'ils n'étaient pas de quelconques voleurs, l'un était dentiste, d'autres étaient commerçants. Les marins qui faisaient le trafic de marchandises de toutes sortes – oranges, poivre, thé – et qui arrivaient à Gdansk troquaient leurs cargaisons dans les bistrots du port. Les patrons de ces bistrots étant clients chez moi, ils m'amenaient aussitôt ces marchandises. Peu à peu, à force de travail acharné, et sans aucun repos, nous avons réussi à amasser une petite fortune. Sans doute les commerçants des halles nous avaient-ils dénoncés, car des agents du fisc, en polonais le NKVD, vinrent nous accuser de trafic de devises. Ils ne trouvèrent que de l'argent et des papiers attestant que j'avais donné des voitures à réparer chez un garagiste. Une fois retapées, je les revendais. Mais ils trouvèrent surtout une convocation du consulat français m'étant adressée sous mon vrai nom. Lorsqu'ils découvrirent ma véritable identité, ils revinrent me voir plus souvent, environ tous les quinze jours, pour de petits contrôles, espérant toujours trouver quelque chose à emporter.

Un soir, Nathalie rentra de l'école en pleurant. On lui avait dit en se moquant d'elle qu'elle ressemblait à une Juive avec ses cheveux noirs et ses yeux noirs. Elle avait pourtant des habitudes catholiques et portait toujours une croix sur elle. Comme elle ignorait sa véritable identité, elle s'était mise à pleurer et ne comprenait rien à ces accusations. Je la consolai de mon mieux en lui affirmant maladroitement que les autres écoliers étaient stupides et que ce n'était que des plaisanteries d'enfants.

Malgré les soupçons des autres commerçants sur notre véritable religion, un client et ami vint demander à mon épouse d'être marraine de son sixième fils, le gouverneur de la ville étant le parrain. Il y eut donc une grande cérémonie à l'église et ma femme eut sa photo dans les journaux pendant plusieurs jours. La famille Stankiewicz était donc bien considérée en ville. Mais pendant le baptême, ma femme eut du mal à réprimer sa crainte d'être découverte – elle ne connaissait rien à ce genre de cérémonie.

Épilogue

Entre-temps, je reçus des nouvelles de mon frère que j'avais perdu de vue depuis des années. Il s'était réfugié en France au début de la guerre, et j'appris qu'il s'était engagé dans l'armée française. En novembre 1946, après cette longue séparation, il me rendit visite en Pologne. Constatant ma réussite dans les affaires, et à la lumière de ce que je lui avais dit concernant les soupçons qui commençaient à peser sur moi, il me conseilla de choisir entre la liberté et l'argent. Il est évident que si l'on avait découvert chez moi de l'or ou des dollars, ma situation ainsi que celle de ma famille aurait subi des désagréments irréversibles. Pour lui, il était clair que ce que j'avais de mieux à faire était de quitter la Pologne et de m'installer en France, ma situation financière me le permettant. Dès son départ en décembre 1946, j'ai commencé à me préoccuper des conditions et des moyens pour obtenir un visa et un passeport et quitter définitivement la Pologne. J'ai entrepris les démarches en janvier 1947, et j'ai obtenu le visa en juillet grâce aux papiers envoyés par mon frère, attestant que j'allais travailler en France. Je suis parti presque aussitôt. Je suis donc parti avec ma fille aînée, laissant à Varsovie ma femme et ma fille cadette Nathalie. Au bout de deux mois de séjour en France, j'ai rendu mes passeports polonais et obtenu le statut de réfugié auprès des autorités françaises. Cela m'a permis ensuite d'envoyer à ma femme des papiers signés de la Préfecture, autorisant le voyage en France de mon épouse et de ma fille. Nous avons profité de la possibilité à cette époque de quitter le territoire polonais sans trop de difficultés, officiellement ou clandestinement, comme ce fut le cas de beaucoup d'autres Juifs qui fuyaient la Pologne pour échapper à la domination communiste. La France nous a bien accueillis.

Je me demandais alors comment emporter mes biens en France. Je commandai chez un menuisier une valise en bois. Les côtés étaient creux et des baguettes de quatre centimètres chacune avaient été fixées sur le dessus et le dessous de la valise. Le tout fut rempli de pièces d'or et de dollars roulés. D'autre part, j'achetai deux machines à coudre. Dans leurs tiroirs, des doubles fonds très fins furent placés, que je remplis de pièces d'or, de roubles, de Louis français et de trois diamants. Les tiroirs creux furent remplis d'outils divers. Le tout passa la douane en bagages non accompagnés car pour le moindre trafic de devises, c'était la Sibérie. Je pris tout de même avec moi, dans des pots de beurre salé et de graisse de lard, quelques pièces d'or et des dollars roulés dans du plastique. Lorsque j'arrivai en France en juillet 1947, je fus surpris par une grève de la SNCF. Le train s'arrêta à Strasbourg et je gagnai Paris dans un taxi avec d'autres gens. Je dus attendre trois longs mois avant de récupérer tous mes bagages, trois mois durant lesquels je fus dans un état de dépression quasi permanent, ne sachant pas si je reverrais un jour mes biens. Lorsque j'en repris possession, je vendis tout sauf quelques pièces d'or et trois pierres pour acheter une boutique et un appartement rue Levert dans le XXe arrondissement. Je commençai donc à travailler comme tailleur. Début 1948, je tombai souvent malade et fus opéré peu après. Juste avant cela, ma femme et Nathalie étaient arrivées à Paris.

Pour nous, les Juifs de Pologne, les persécutions n'étaient pas encore terminées. Plusieurs pogroms eurent lieu, dont le plus célèbre et le plus sanglant fut celui de Kielce[1]. Nous avions très peur et préférions qu'on ne sache pas que nous étions juifs. Les faux papiers au nom de Stankiewicz nous facilitaient la tâche. Le curé lui-même venait nous bénir toutes les veilles de fête.

Avant mon départ pour Paris, j'ai revu M. Podgorski et M. X. Une fois installé dans la capitale française, j'ai perdu le contact avec M. X. M. Podgorski est venu avec sa femme passer deux mois à Paris, et je suis allé avec eux quelques jours à Londres. Ils sont revenus un peu plus tard pour le mariage de Nathalie. Je leur ai

1. Voir note page 64.

demandé de retrouver en Pologne M. X. Chaque fois, ils me faisaient des promesses, disant qu'ils allaient chercher par l'intermédiaire de la Croix-Rouge, et à la fin ils répondaient toujours que M. X n'existait plus. Une fois, j'ai même reçu une réponse négative de la Croix-Rouge elle-même, qui croyait peut-être que je le cherchais pour régler des comptes, ce qui pouvait s'avérer dangereux pour lui. Le fait de ne pas retrouver M. X par l'intermédiaire des amis et des lettres constitua la raison majeure pour laquelle je tins à retourner en Pologne en 1966. J'allai même à la radio de Cracovie pour demander des conseils, et je finis par retrouver d'abord son frère, et ensuite M. X lui-même. Cette même année, j'ai fait venir en France la femme de M. X et sa nièce. Lui était malade et tenait à ce que sa nièce vienne à sa place. Elle est restée chez nous trois ans pour faire des études et apprendre la langue française. Aujourd'hui, M. X est gravement malade, et dans quelques jours je prends l'avion pour lui rendre visite à l'hôpital.

Mon départ de Pologne ne m'a pas permis de mener à bien l'affaire Komorowski. Ce dernier a pris un avocat extrêmement célèbre en Pologne, Me Maslanka, un Juif par-dessus le marché, à qui il avait dû payer une somme colossale. Maslanka a si bien embrouillé les choses qu'il a été jusqu'à faire mettre en prison l'un de mes témoins, sous prétexte de faux témoignage, alors que tous ceux qui témoignaient en ma faveur étaient fort honorables. C'est Komorowski, sur les conseils de Maslanka, qui a acheté les témoins. Maslanka vit toujours à Varsovie, faisant partie d'une quantité extrêmement minime de Juifs qui y sont restés. Il vaut mieux d'ailleurs qu'il reste là-bas, les Juifs n'ont pas besoin de ses services.

Dans ma boutique, je travaillais à façon pour les confectionneurs avant de créer avec mon frère en 1948 une société dont il était le gérant. Au tout début, nous avons vécu à l'hôtel, puis quelque temps chez mon frère, rue des Couronnes, avant de nous installer provisoirement dans l'arrière-boutique. Mon frère, à cette époque, exerçait toujours son métier dans la chaussure, il cousait les tiges des chaussures et travaillait à façon chez lui.

Lorsque ma femme est arrivée à Paris avec ma deuxième fille, nous avons vécu rue Levert. Nous y sommes restés jusqu'en 1951, date à laquelle nous avons emménagé dans un grand appartement de six pièces, rue Notre-Dame-de-Nazareth dans le IIIe arrondissement, après avoir vendu la boutique et l'appartement de la rue Levert. Nous avons alors commencé à fabriquer des vêtements de sport. Peu de temps après, en 1954, nous avons pu acheter une boutique de deux étages rue Charlot.

*

En 1947, mon oncle nous a fait venir en France.

La vie avait recommencé.

Mes parents se remirent au travail, reconstruisant tout, réapprenant tout, un métier et une nouvelle langue. Se loger était difficile, travailler était difficile, parler le français était difficile, mais malgré tout ça nous étions heureux de découvrir la France et les Français. Nathalie allait à l'école, moi je prenais des cours particuliers. Nous avons vite commencé à nous débrouiller en français.

Aucun autre membre de notre famille en Pologne n'a survécu.

Je ne vis pas avec leurs fantômes, ni avec mes souvenirs.

Mais jamais je n'oublierai les enfants du ghetto. Pourquoi est-ce que j'ai survécu et pas eux ?

Remerciements

Ce livre est dédié à mes petits-enfants, Benjamin, Mathias, Oscar et Lola.

Je tiens tout particulièrement à remercier mon ami l'historien David Shapira. Depuis sa découverte de mon témoignage et du récit de mon père, il n'a eu de cesse de m'interroger pour compléter et achever les deux manuscrits. Il a pris à cœur la réalisation de ce projet, et je ne peux que lui exprimer mon immense gratitude.

Je veux remercier Dominique Missika, pour son soutien, Isabelle Spira pour le temps qu'elle a consacré à ce livre, Elizabeth Aidane pour son aide précieuse.

Merci à Sophie Porteil qui a été présente depuis le tout début.

Ma sœur Nathalie Metz n'était qu'un bébé à l'époque. Elle a subit la faim, les privations et surtout le vide épouvantable d'avoir été si tôt séparée de ses parents. Ce livre est aussi son histoire.

Mes enfants et mes neveux ont toujours vécu avec l'histoire de leur grand-père. Ils l'ont écouté raconter, l'ont questionné, et c'est d'abord pour eux, et pour leurs enfants, que le besoin de ce livre est né.

Table des matières

Cet ouvrage a été composé par IGS-CP
à L'Isle-d'Espagnac (16)

Dépôt légal : septembre 2011
ISBN : 978-2-84734-810-1
Numéro d'édition : 3448

Achevé d'imprimer
en août 2011
par Corlet Imprimeur
14110 Condé-sur-Noireau

N° d'imprimeur : 140341
Imprimé en France